大学英语教学模式与创新实践研究

唐小惠 著

东北林业大学出版社
Northeast Forestry University Press
·哈尔滨·

版权专有　侵权必究

举报电话：0451-82113295

图书在版编目（CIP）数据

大学英语教学模式与创新实践研究/唐小惠著. --哈尔滨:东北林业大学出版社，2024.2

ISBN 978-7-5674-3472-1

Ⅰ.①大… Ⅱ.①唐… Ⅲ.①英语－教学研究－高等学校 Ⅳ.①H319.3

中国国家版本馆CIP数据核字(2024)第048033号

责任编辑：姚大彬
封面设计：郭　婷
出版发行：东北林业大学出版社
（哈尔滨市香坊区哈平六道街6号　邮编：150040）
印　　装：北京四海锦诚印刷技术有限公司
开　　本：787 mm×1092 mm　1/16
印　　张：8
字　　数：185千字
版　　次：2024年6月第1版
印　　次：2024年6月第1次印刷
书　　号：ISBN 978-7-5674-3472-1
定　　价：52.00元

如发现印装质量问题，请与出版社联系调换。（电话：0451-82113296　82191620）

前　　言

大学英语是高等教育中覆盖面最广的课程之一，随着中国经济的飞速发展，与世界各国的交流更加密切，我国对人才的英语水平的要求也越来越高，大学英语教育教学的重要地位不言而喻。

大学英语的教学目标是培养学生的英语综合应用能力，特别是听说能力，使他们在今后的工作和社会交往中能用英语有效地进行口头和书面的信息交流，同时增强其自主学习能力，提高综合文化素养，以适应我国社会发展和国际交流的需要。结合我国的大学英语教学现状，要达到这一目标，大学英语教学改革势在必行。这一改革事关如何培养新一代高素质、创新性的专门人才和拔尖人才，提高我国的综合国力和国际竞争力，同时也是高等教育人才培养和教学改革的重要突破口和最有可能用先进的信息技术手段改进传统教学模式，取得重大突破的领域。教学模式的改变不仅是教学活动或教学手段的改变，还是教学理念的转变，是实现从以教师为中心、单纯传授语言知识和技能的教学模式，向以学生为中心，不仅传授一般的语言知识与技能，还更加注重培养语言运用能力和自主学习能力的教学模式的转变。

本书是大学英语教学方向的书籍，主要研究大学英语教学模式与创新实践，本书从大学英语教学基础知识入手，针对大学英语教育教学概述、大学英语教学的理论基础进行了分析研究；另外对大学英语教学的基本模式、大学英语教学模式的构建与创新、大学英语教学其他方面的创新、大学英语混合式教学模式与应用、大学英语翻转课堂教学实践等内容做了一定的介绍；本书理论与实践相结合，条理清晰，内容精练，重点突出，选材新颖，具有实用性、综合性，详尽呈现了大学英语教学模式的具体实践。希望通过本书能够给从事相关行业的读者们带来一些有益的参考和借鉴。

作者在写作本书的过程中参考了一些文献资料，在此向涉及的作者表示衷心的感谢。另外，由于作者水平有限，加之时间仓促，书中不足之处在所难免，恳请广大读者批评指正。

编者

2023 年 10 月

目 录

第一章 大学英语教学基础知识 (1)
　第一节　大学英语教育教学概述 (1)
　第二节　大学英语教学的理论基础 (17)

第二章 大学英语教学的基本模式 (22)
　第一节　任务型与内容型教学模式 (22)
　第二节　多媒体与交互式教学模式 (29)

第三章 大学英语教学模式的构建与创新 (37)
　第一节　多维度视角下的大学英语教学模式 (37)
　第二节　大学英语教学模式改革 (40)
　第三节　课程建构与大学英语教学模式 (45)
　第四节　大学英语教学模式的创新 (54)

第四章 大学英语教学其他方面的创新 (58)
　第一节　课程思政教学的创新 (58)
　第二节　生态教学的创新 (61)
　第三节　跨文化交际教学的创新 (68)
　第四节　ESP 教学与英语教材的创新 (75)

第五章 大学英语混合式教学模式与应用 (82)
　第一节　大学英语混合式教学模式 (82)
　第二节　大学英语混合式教学模式的应用 (93)

第六章 大学英语翻转课堂教学实践 (101)
　第一节　以微课为基础的翻转课堂教学的效果 (101)
　第二节　基于产出导向理论的翻转课堂在大学英语听说课中的应用 (109)
　第三节　翻转课堂在大学英语写作课中的应用 (114)

参考文献 (120)

第一章　大学英语教学基础知识

第一节　大学英语教育教学概述

一、英语教学的内涵

（一）教育与教学

1. 教育的含义

教育对人类的存在与发展起着重要作用，这是因为教育既传承了人类的既有经验，又把个人培养作为社会的组成部分。

"教育"一词在汉语中可以分为两个部分，即"教"和"育"，它们分别有"上施下效"和"使之为善"之义。然而，英语中的"education"则是指"导出"。教育的学术性定义是基于这一语义而形成的。

教育是一种可以引导人类发展的活动。所以，教育的内涵必然涉及两个要素：引导与发展。引导说明教育是有目的的活动，"使之向善"是教育最根本的目的；引导还说明教育不是强制性的活动，我们不能强制学生掌握知识和技能。发展是指学生的发展。教育能否最终实现其目标，主要在于学生是否得到与所设定目标一致的发展。

2. 教学的含义

教学是教育中的一个重要因素，研究教育必然要对教学的相关概念有所了解。

教育与教学最基本的关系就是，教学是一种教育活动。对于教师来说，教学是引导学生学习的教育活动；而对于学生来说，教学则是在教师的引导下进行的学习活动，这些活动都是教师有目的、有计划、有组织地引导学生学习的活动。教学也是一个师生互动的过程，是教师教的过程，也是学生学习并在学习过程中全面发展的过程，是学生在教师引导下掌握知识和技能、发展能力、发展身心和形成相关的情感态度及价值观的过程。教学需要师生共同参与，即师生双方共同开展教和学的活动。从师生互动来说，教学应该是教师引导和学生主导的互动活动。

教学是一种有目的的互动，是学校教育最主要的教育活动，具有非常明确的目标。不同学科的教学既有共同的教学目标，也有各自不同的教学目标。

教学需要具体的内容。教学是一定知识、技能传递的过程，更是人类生存经验传递的过程。教学中的知识、技能、经验体现在具体的课程内容和教学内容上，因此教学内容也具有不同的层次。

教学最显著的特征是系统性和计划性。这是因为，教学是学校教育中有计划的系统的活动，其主要表现在课程计划、教学计划上。当然，这种系统的计划主要是由教育行政机构、学校和教师等通过长期的思考制订而成的。

实施教学必须采用一定的教学方法并借助一些教学技术。现代科学技术，特别是信息技术的发展，为教学提供了多种多样的可以借助的技术。

由此可见，教学就是依据一定的内容，按照一定的目的，借助一定的方法与技术，由教师引导学生认识世界、学习和掌握知识与技能，同时得到全面发展的活动。

（二）英语教学的本质

英语教学既是语言教学，又是文化教学。通常而言，语言教学都是以培养学生运用语言的能力为目标的。但是，研究语言知识的人就不是以运用语言为目的，他们学习语言的目的是研究语言知识。

对于中国学生来说，英语是一门外语，英语教学属于外语教学。纵观人类外语教学的发展历史，对于已经基本形成母语运用能力的学生来说，外语教学离不开外语知识教学，因为只有以外语知识为基础的外语教学才能更有效地培养学生运用外语的能力。

作为语言教学，英语教学的本质是培养学生运用英语的能力。当然，英语不仅仅是一种语言，还是文化的载体。由此便可得出，英语教学也是一种文化教学。

（三）英语教学的原则

1. 兴趣性原则

兴趣是最好的教师，教师应该重视兴趣的巨大作用，在英语教学中采取一切可用的方法来努力调动学生的情感内因，激发学生对英语学习的强烈愿望，使他们喜欢学、乐于学，以获得更好的教学效果和学习效果。

英语教师在调动学生学习兴趣时，可以从以下四个方面入手。

（1）充分尊重学生的主体性。教学是一种主动的过程，教师必须清楚地认识到英语课堂的主体是学生。只有通过学生积极主动的尝试与创造，教学活动才能达到预期的效果，学生也才能获得认知，提高语言能力。因此，教师要从学生的心理和生理特点出发，遵循语言学习规律，采用多种教学方式，培养学生的兴趣，让学生通过体验和实践进行学习，形成语感和提高交流能力，做到充分尊重学生的主体性。

（2）调动学生的学习兴趣。英语学习过程中需要一定的死记硬背和机械操练的活动，但是如果机械性操练太多则很容易导致课堂教学的死板与乏味，从而使学生失去或者降低学习英语的兴趣。为此，教师应该科学设计教学过程，以学生感兴趣的方式帮助学生获取知识，加速知识的内化过程，使他们能够在听、说、读、写等方面灵活运用语言知识，变语言知识为英语交际的工具。这样，学生不仅可以获得交际能力，他们的综合素质也会得到提高，学生的学习兴趣自然会被激发。另外，教师对学生进行评价时，应重视学生的学习态度、参与的积极性、努力的程度、交流的能力以及合作的精神等。

（3）对教材进行深度挖掘。教师在备课过程中，应认真地研究教材，挖掘教材中学生感兴趣的内容与话题，使每节课都有让学生感兴趣的内容和活动，从而最大限度地调动学生的积极性。英语课堂教学可以把日常生活中用到的英语知识搬上课堂，如日常生活里常见的问候语，对人、物、画面的介绍等，为学生在日常生活中使用课堂上所学的英语知识创造条件。随着学生在课堂中逐渐掌握交际知识，学生用英语进行交际的能力就会逐渐提高。

（4）增强师生互动与交流。教学是师生互动的过程，课堂上的知识传授和技能培养总是伴随着学生的情绪进行的。好的情绪会变为一种兴趣和动力。另外，一个学生对一门课程喜欢与否，一定程度上取决于他对于该授课教师的态度。

所以，教师在严格要求学生的同时，要努力创造一种和谐的学习氛围，通过一个眼神、一个手势、一个微笑、一句赞许的话去影响学生。教师还可以通过各种形式真心地与学生进行交流，与学生交朋友，赢得学生的尊重与喜欢，从而使学生愿意向教师倾诉，与教师交流。在良好的师生关系中，教师对学生的进步给予及时的鼓励与表扬，不仅可以培养学生的自信心和成就感，还能有效调动学生的学习兴趣。

2. 灵活性原则

在英语教学中遵循灵活性原则，具体而言就是在教学方法、学生学习和语言使用方面做到灵活多样、富有情趣。

（1）教学的方法要灵活。一方面，英语教学包括语言知识教学和语言技能教学两个方面，语言知识包括语音、词汇、语法等内容，语言技能则包括听、说、读、写四个方面，其中又包括许多微技能，不同的内容具有不同的特点；另一方面，学习者是千差万别的。因此，在英语教学过程中要结合教学内容，根据学生自身的特点，创造性地开展多种多样的教学活动，充分体现教学方法的多样性和创新性，使英语课堂新鲜有趣，从而激发学生学习英语的热情，培养学生学习的兴趣，挖掘学生的潜能。

（2）学生的学习要灵活。学生学习的灵活性在很大程度上取决于教学方法的灵活性。教师应该帮助学生改变以往单纯地死记硬背的机械性学习方法，探索合乎英语语言学习规律和符合学生生理、心理特点的自主性学习模式，使学生能够自我引导、自我激励、自我监控。

（3）语言的使用要灵活。学习语言的最终目的是交流沟通。英语作为一种交际工具，关键在于使用。教师要通过自身灵活地使用英语，带动学生使用英语。在课堂教学中，教师应尽可能多地使用英语组织教学，如用英语讲解、用英语提问、用英语布置作业等，使学生感受到他们所学的英语是活的语言。教师还可以通过布置作业使学生灵活地使用英语。作业的布置应侧重实践能力的培养，如可以让学生用磁带录制口头作业，让学生轮流进行值日报告，陈述或评议时事、新闻等，通过以上种种措施来加强语言使用的灵活性。

3. 真实性原则

学生学习的最终目的是交际，那么所学的教材内容自然要尽量遵循真实性原则。对于英语教学真实性问题的谈论实际上源于 20 世纪 70 年代。此后，学者们对真实性问题的探讨逐渐深入，从语言材料与教程的真实性拓展到了课堂活动、文化因素的真实性。

（1）采用语用真实的教学内容。教学内容不仅包括教材，还包括课内外训练材料等所有供学生学习的材料。真实的教学材料可以让学生接触真实自然的语言，了解交际话语和背景文化，并能在课堂活动和社会交际之间建立联系，使学生领会到所学习的语言材料就是现实生活中可能发生的语言交际。

因此，英语教师在开始教学前应从语用的角度认真分析课文，不仅分析课文语句的结构意义，更要着重把握语句的语用意义，了解语句使用的真实语境，研究语句中包含的情感、态度、语气、意图等，准确把握课文中语句的内涵，同时编写或者从已有的教学用书中选择语用真实的教学例句练习。

（2）努力实现学习环境的真实性。课堂教学环境本身就缺乏真实性，因为它不可能提供完全真实的社会交际场景。这种观点有失偏颇。众所周知，我国学习英语的学生基数大，而且相当一部分学生都没有出国学习的机会，因此也就缺乏完全真实的语言学习环境，况且第二语言学习本身就不可能与母语学习完全一样。

实际上，教室本身就可以是一个真实的学习与交流场所，它能不能充分发挥应有的作用就在于教师能否营造良好的学习氛围。例如，教师可以充分开发课堂教学的潜力，结合学生的实际情况，设计各种学生感兴趣的活动，将枯燥的"一言堂"转变为师生共同交流、互相学习。这样不仅可以鼓励学生积极参与，还能引导学生融入各种角色，实现角色代入，为学生将来的真实交际打下坚实的基础。

（3）设计语用真实的课堂教学活动。英语课堂教学是通过一系列的课堂教学活动来完成的。呈现、讲解、释例、训练、巩固等课堂教学活动都与语用能力培养密切相关。对学生语用能力的培养要贯穿英语教学的全过程，融入各环节的学习和训练中。在教学过程中，英语教师应基于语用真实的指导思想来设计和组织教学活动。在进行讲解时，不仅要讲解教学内容的真实语义，还要明确讲解教学内容的言外之意。

（4）设计语用真实的教学检测评估题。对于教学来说，教学检测评估起着很大的反馈作用。通过设计语用真实的教学检测评估题，可以发现学生的语用能力还存在哪些不足之处，从而调整、改进教学。教学检测评估题既要符合测试的基本原理，更要注重测试的目的，进一步强化学生运用英语的自我意识，从而提升学生运用英语的能力。

4. 交际性原则

教师在教学过程中始终要牢记一点，学生学习英语的最终目的是进行交际。因此，在教学过程中，教师始终要遵循交际性原则，以培养学生的交际能力为最终目的。也就是说，要培养学生能够运用所学的语言知识在不同的场合、与不同的对象进行有效的、得体的交际的能力。为贯彻这一原则，教师在教学过程中需要注意以下两个方面。

（1）正确认识英语教学的性质。要想落实交际性原则，教师首先需要弄清英语教学的性质。英语教学过程是一种技能培养的过程。在教学中，教、学、用三个方面构成一个相辅相成的、有机的统一体。其中"用"在这三个方面中处于核心地位。与学习游泳类似，使用英语进行交际的能力是在实践的过程中培养出来的，如果只有理论没有实践，就很难实现预期的目标。因此，在教学中应时刻为学生创造实践的机会，从而提高其交际能力。

（2）在教学中灵活创设交际情境。英语是一种交际工具，英语教学的目的是培养学生使用这种交际工具的能力。在传统的英语教学中，很多教师只偏重于讲授语法结构。学生通过这种教学并不能具备良好的英语交际能力。要想让学生具备使用英语进行交际的能力，也就是能够在适当的地点、适当的时间，以适当的方式，向适当的人讲适当的话，就应在英语教学中创设交际情境，开展多种形式的交际活动，以此来提高学生的语言应用能力。利用语言进行的交际总是发生在特定的情境之中的，情境包括时间、地点、参与者、交际方式、谈论的题目等要素，在某一特定的情境中，某些因素，如讲话者所处的时间、地点以及其身份等都制约其说话的内容、语气等。而且，在不同的情境中，同样的一句话也可以表达不同的意义。

教学活动要和英语交际紧密联系起来，力争做到英语课堂教学交际化。在英语教学中，教师和学生不是单纯地教或学英语知识，而是通过操练，培养或掌握用英语进行交际的能力。教师要充分利用教具，为学生创造适当的情境，使学生学得有兴趣、有成效。此外，教师也可以设计任务型活动，让学生通过完成特定的任务来获得和积累相应的知识与经验。需要注意的是，这些活动需要具有交际的性质才利于交际目标的完成。

5. 发展性原则

现代社会提倡终身学习，因此英语教学也应遵循发展性原则，即要教会学生自学，帮助学生掌握正确的学习策略。学习策略是指学生为了有效地学习和发展而采取的各种方法。英语学习策略包括以下四种。

（1）认知策略。认知策略是指学生为了完成具体学习任务而采取的方法。

（2）调控策略。调控策略是指学生对学习计划实施、反思、评价和调整的策略。

（3）交际策略。交际策略是学生为了争取更多的交际机会、维持交际而采取的各种方法。

（4）资源策略。资源策略是学生合理并有效利用多媒体学习和运用英语的策略。学生的学习成绩受多方面因素的影响，如心理特点、健康状况、学习基础、学习动机、学习策略、教师的水平、学习的环境等。在这些影响因素中，学习策略占据着重要的地位。学生如果在学习的过程中采用了科学、正确的学习策略，便可以有效节省时间，并能避免走弯路，使得学习的效果更佳。

因此，在英语教学中，教师应帮助学生找到适合自己的学习策略，培养他们能够不断调整自己学习策略的能力。在具体的英语课堂教学中，帮助学生有效地使用学习策略，有助于他们采用科学的途径来提高英语学习的效率，并有助于他们提高自主学习的能力，为以后的学习奠定坚实的基础。

6. 巩固性原则

语言学习最大的特点就是容易遗忘，因此教师在教学过程中要不断加强学生对知识的巩固，即巩固学生已经学习过的英语知识和技能。具体来说，就是要求学生的英语基础知识牢固，能够熟练地运用英语进行交流和学习。每上一节课教师就应该让学生明白所讲的内容，学生不能不懂装懂，教师更不能不管学生是否接受而一味地讲授新知识，要在学生充分理解所学内容的基础上进行知识的深化和整合。贯彻巩固性原则要做到以下两个方面。

（1）强调当堂巩固。一般来说，在学习新的内容以后要立即进行巩固，也就是进行多次的强化。在教学过程中要特别强调立即巩固，即学完一个新知识点就要马上进行巩固，这样就会记得比较牢固。如果一味地学习而没有进行及时巩固，学生就很容易忘记，无法取得良好的学习效果。

（2）经常组织复习。要想持续巩固已学过的知识，仅靠当堂巩固是不够的，还要进行经常性的复习，以便在头脑中形成长时记忆。在英语教学过程中，只有有计划地组织经常性的复习，才能够帮助学生熟练地掌握英语知识。组织复习时应注意以下三点。

①在每堂课上，复习都可以作为一个步骤来进行，起到一个承上启下的作用。

②在教学的各个环节中都应该注意新旧材料的联系，这样既是在学习新知识，同时也是在复习旧知识。

③组织定期的阶段性复习。如果平时不注意复习，只到期末进行总复习，时间就显得比较紧，前面学过的知识也容易被遗忘。因此，每学期可以安排若干次的阶段复习，并且要进行测验以达到监督学生学习和检测学生学习效果的目的。

总之，巩固性原则的贯彻实施能够减缓学生对知识的遗忘速度，帮助学生在最短的时间内记忆最多的知识点，达到事半功倍的效果。此外，巩固性原则还要求教师在制订教学计划时考虑到阶段复习在英语教学过程中的重要性。教师要协调好各项教学任务所占比例，尽量做到松紧适度。

7. 以学生为中心原则

以学生为中心的理论来源于美国教育学家杜威的"儿童中心论"。杜威认为尊重人类自由的天性，遵循教育的自然规律对儿童的发展具有重要作用。以学生为中心要求教师的心里要时刻装着学生，把教师的教建立在学生学的基础之上，教学的一切工作围绕学生的学习进行。在备课、教课、批改学生的作业时，教师都要考虑学生的心理和需要，分析学生掌握知识的情况，随时调整自己的教学计划和步骤以适应学生的需要。

只有以学生为中心，才能让学生明确学习意义、学习内容和学习目标，才能使学生看到奋斗的目标，使学生看到已经取得的成就，使学生有学习的信心，从而在学习的道路上勇往直前。在具体的教学活动中，教师主要应从以下三个方面做到以学生为中心。

（1）制订合理的教学方案。教学方案是教学活动的根本环节。教师需要根据学生的语言接受水平和语言运用能力来制订合理的英语教学目标、教学任务、教学计划、评定方法等。

(2) 认真分析教材、认真备课。教师在对教材进行分析时，应对教学内容进行充分的理解和把握，根据学生所处的不同阶段的实际情况与自己学生的学习能力来调整教学目标和教学任务，根据学生的需要对教材内容进行最优化处理，使教材与学生的经验建立起联系，把教材内容变成师生对话的中介。

教师的备课也要考虑到学生的实际情况。在教学活动设计中，教师可以通过座谈、课堂提问、测试等多种手段了解学生目前的学习状况；另外，教师应根据学生的学习水平、接受能力、学习方法、学习风格和学习态度等来设计和调整教学活动。在备课中要发散思维，善于换位思考，并具有对教学活动的预测能力，这样才能有效地实现教学目标。总之，教师的教学准备及教学活动设计都要从学生的角度出发，让绝大多数的学生参与进来，努力让学生成为课堂教学活动的主体。

(3) 采取合适的教学方法和手段。贯彻以学生为中心原则，要求教师根据学生的特点，灵活选用教学方法和手段。直观的教学方法有助于学生直接感受和理解语言，加深印象，强化记忆，激发学生参与的兴趣。形象化教学手段可以适应学生的思维特征，使他们能出于个人需求积极主动地参与课堂学习，较自然地感知语言。此外，教师还要善于利用课堂空间设置场景，调动学生参与课堂活动的主观能动性。

需要注意的是，我们强调以学生为中心，并不是完全否定和排斥教师在教学过程中的重要作用。杜威认为，在以学生为中心的教学模式中，教师甚至发挥着比在传统教学模式中更为重要的作用，也需要付出更为艰辛的劳动。在以学生为中心的教学过程中，教师是教学的主导，其主要作用在于帮助学生加速学习进程。在学生遇到困难的时候，教师要及时给予帮助，使学生的困难得以及时解决；当学生面对困难不知所措时，教师要及时引导，使学生找到解决的办法；当看到学生愿意接受学习任务且跃跃欲试时，教师应该给予学生更多锻炼的机会；当看到学生的学习情绪不高时，教师要及时予以鼓励，激发学生的学习热情；当学生在学习上取得成绩时，教师要及时提出更高的要求，使学生始终有目标，不断努力。

由此可见，以学生为中心原则既充分尊重和发挥学生学习的主体性，又不忽视教师的主导作用，能使教师和学生通力协作。

8. 循序渐进原则

大学英语教学中的循序渐进原则包括以下三层含义。

(1) 从口语到书面语。学生在学习语言时应从口语开始，然后逐渐过渡到书面语。原因如下：

首先，英语包括口语和书面语两种形式，从语言发展的历史来看，先有口语后有书面语。

其次，口语词汇比较常用，句子结构简单，比书面语更容易学习，因而也容易激发学生的积极性与自信心。最后，通过口语的学习，学生可以尽快地获得日常生活所需的交际技能，从而实现学用结合。因此，学生学习英语应从口语开始，逐渐过渡到书面语。

（2）从听说到读写。在听、说、读、写等语言技能的培养上，应该首先侧重听说能力的培养，然后逐渐过渡到读写技能的培养。听、说、读、写四项基本技能应该全面发展，但是，由于中国的大部分学生缺少英语的语言环境，听便成了他们了解纯正优美的语音语调的重要途径。另外，听说教学还能使学生学到基本的词汇和基本的句子结构，从而为读写能力的培养奠定基础。

因此，在英语学习的初级阶段，教师应加强听说教学，每节课都要尽可能地为学生创造良好的语言环境，让学生在充足的听说练习中学习英语；另外，还要通过与学生之间的语言交流，使学生不断巩固、灵活运用所学的英语知识。

（3）螺旋式发展。英语能力的提高不是一次性完成的，而是一个螺旋上升的过程，需要进行多次的循环。但这种循环不是单纯的重复，每一次重复都是以旧带新，从已知到未知，都在前一次学习的基础上有所提高。

因此，教学的各个部分之间应该紧密联系，使得前面所教的内容为后面的内容奠定基础，而后面所教的内容也得包括前面所学的内容。换句话说，教师应该注意从学生已有的语言知识和已经熟悉的语言技能出发，讲授新知识，培养新技能。

9. 关注情感原则

英语教学离不开情感教育的支持。心理学研究表明，人的一切活动都伴随着一种情感体验，而情感体验反过来对人的活动也有一定的支配作用。关注情感原则要求教师要真正热爱英语教学工作，真正热爱自己的学生，并在此基础上运用心理学的理论和方法，有意识地激发和调动学生学习英语的积极情感，增强学生学习的自信心、主动性和目的性，提高英语教学效果，从而实现教学中的师生共同参与、和谐发展，促进学生整体素质的提高。在教学过程中，关注情感原则要求教师做到以下两点。

（1）创设良好的学习氛围。

①建立新型师生关系。教师应该做到仪表大方、和蔼可亲，保持在学生中的崇高威望，与学生建立相互尊重、相互理解、相互依赖的新型师生关系。教师是学生学习的指导者，其要及时了解学生在学习中遇到的难题，帮助学生总结经验教训，克服困难，树立学习的信心。作为学生生活上的朋友，教师要时刻关注学生的思想动态、家庭情况等。

②营造良好的学习氛围。兴趣是学习活动中最直接、最活跃的推动力。学生的学习兴趣不仅能转化为稳定的学习动力，而且还能促进学生智力的发展，开发学生潜能，达到提高学习效果的目的。教师在教学过程中要注意培养学生学习英语的持久兴趣，把培养学生的兴趣、端正学生的态度放在英语教学的首要地位，从而有效地促进学生全面发展。

③激发学生的学习动机。激发学习动机是英语教学的关键。不论是听、说、读、写等能力的培养还是英语知识的教学，如果不能激发学生的学习动机，教学就不可能达到预期的效果。创设情境是激发学习动机的一个重要因素。没有特定的社会情境，就没有语言的

交际活动。

(2) 关注学生的情感态度。

①结合学习内容讨论情感态度问题。在日常的英语课堂教学中，教师要注意融入积极的情感态度的培养，针对学生学习过程中出现的具体问题进行针对性的引导，帮助学生解决情感态度方面的问题。

②建立情感的沟通渠道。情感的沟通渠道可以通过教师在课堂教学中建立起来，例如，营造融洽、民主、团结、相互尊重的课堂氛围等。有些情感可以集体讨论，有些则需要师生之间有针对性地单独探讨。但在沟通和讨论过程中，教师要注意尊重学生的感受，避免伤害学生的自尊心。同时，情感具有外在和内在的表现，教师要仔细观察，了解学生的情感，以培养学生积极的情感，消除消极的情感。

10. 正确利用母语原则

对我国多数学生而言，母语即汉语。学生学英语之前所掌握的语言就是母语，他们用母语进行交际。母语的使用习惯已经根深蒂固，无时无刻不对英语的学习和使用产生影响。而对于英语教学而言，母语必然会起到迁移性的影响。迁移性影响有正负两个方面，如果对母语利用正确，就会对英语教学产生正迁移，从而促进英语的学习，保证教学的效果。

教师要遵循正确利用母语的原则应注意以下两点。

(1) 适当用母语进行解释。英语学习是在母语习得后进行的学习活动。在英语学习之前，学生已能用母语进行交际，他们的时间、地点以及空间等概念已经形成，并已学会了用母语来表达这些概念。这时，用一种新的语言来构建概念就会比较难，而借助母语，教师只需要教会学习者一种新的符号表达形式，就可以使学习者较快和较好地掌握某些概念。

因此，适当地使用母语进行解释能达到清楚、明了和加深印象的效果。例如，在教单词"excuse""science"和"business"时，可以用中文对其意思进行解释："excuse"的意思是借口，"science"的意思是自然科学，"business"的意思是商务或商业。而如果我们用英语对"excuse""science"和"business"进行详细的解释，不仅会花费教学中有限的时间，而且也不一定能解释清楚。虽然不同的语言之间存在差异，某些概念在不同语言中也会存在差异，但无论如何，母语的适当使用都会起到画龙点睛的作用。

此外，适当地使用母语进行英语教学，还可以使学生更容易理解英语某些结构和规则的特点，从而更好地理解教师安排和布置的教学活动的意义。而对英语结构和规则的正确理解有利于学生对其进行掌握和运用。同时，透彻地理解教师的指示也能充分利用上课的时间进行英语实践，提高英语教学效果。

(2) 将母语与英语进行比较。将汉语与英语比较，可以帮助学习者更好地对两种语言的特点进行理解。学习英语是个相当复杂的过程。在这一过程中，学习者很可能会受母语系统的影响而犯错误。如果能在适当的场合，结合英语学习的内容，对英、汉两种语言在某一结构、某一用法上的差异和特点进行简单讲授,学习者通过比较将会了解并明确英、汉两种语言在使用上需要注意的问题,从而提高英语教学的效果。

在进行英汉两种语言的比较时,教师可以适当使用语法翻译法。例如,在英语应用中,我们经常会看到学生写出用英语形容词做谓语的句子,如"We very happy."。这种句子产生的原因很可能是受汉语的影响,因为汉语的形容词可作谓语,如"我们很快乐"。但英语的形容词在句子中不能单独做谓语,英语形容词要与 be 动词结合才能做谓语。所以,应该是"We are very happy."

因此,在讲授英语形容词作表语时,可以把英文句子译成汉语,通过这种方式,学生能够很容易且直观地看到英、汉形容词在句法功能方面的差别,避免把汉语形容词的使用规则迁移到英语形容词的用法上去。

(四) 现代英语教学的影响因素

1. 教师

教师是教学活动的组织者,也是影响教学效果的最重要的因素之一。教师在充分发挥主导作用的同时,也要清醒地意识到教师这一角色需要在教学过程中发挥着怎样的作用。

2. 学生

学生是课堂学习的主体。《现代汉语词典》中给"主体"定义是"有认识和实践能力的人"。由此可知,学生能够作为学习的主体,是因为他们具有一定的认识和实践能力。在英语教学中,教师要教会学生通过感官获取来自教材的各种信息,并学会对这些信息进行比较、分析、综合、概括,进行去粗取精、去伪存真、由此及彼、由表及里的思考,抓住事物的本质,发现事物的内在联系,从而归纳出事物的规律,确立科学的知识系统。经过这一过程之后,学生不仅学到了英语知识,培养了英语交际能力,而且在学习过程中提高了独立自主的学习能力,能够独立解决新问题。可见,学生学习的过程,就是不断丰富自己的主观世界、不断完善自己的内化过程。教师在教学的过程中需要注意学生这一角色的特殊性以及不同学生的差异性。

(1) 学生的角色。教学中学生所扮演的角色主要有如下四个。

①主人。学生是学习的主体,也是教学活动的主体。学生对知识的探索、发现、吸收和内化等实践,不仅有助于学生逐步构建自己的知识体系,而且有助于学生形成科学的世界观、人生观和价值观。

②参与者。教师在大学英语教学中应激发学生的学习兴趣,激发学生的参与积极性,让学生乐在其中。在学习过程中,学生应充分思考、积极参与、表达观点、展示个人才能,以保持浓厚的学习热情。

③合作者。英语学习是在师生、生生之间进行的,学习过程也是团队合作的过程。学生在学习中彼此促进、共同提高。协商与互助使每个人都能感受到集体的力量和团队合作的价值。

④反馈者。在大学英语教学中,学生会根据自身的学习经历以及教学法的适用性向教

师提出建议，协助教师就相关问题进行改进和完善教学内容和教学方法，以此促进英语教学。

（2）学生的个体差异。教育的根本目的在于培养人，这就要求教育者必须掌握学生生理、心理发展的规律和个体差异。学生的个体差异，尤其是学习动机、学习态度以及自身性格等方面的差异，使他们理解和掌握新知识的速度和程度不同。根据学生的个体差异制订教学计划，选择适合的教学材料和方法，具有重要的教学实践意义。

①认知风格。认知风格是指人在信息加工（包括接收、储存、转化、提取和使用）过程中表现出来的持久一贯的风格。不同的学习个体，其认知风格也有所不同，并且不同认知风格具有不同的优势和劣势。不同的学生有各自偏爱的信息加工方式，在学习不同材料时也会各有所长。

当学生的认知风格与教师的教学风格以及学习环境中的其他因素相吻合时，学生的学习成绩会更好。认知风格对学生选择学习策略也有影响。因此，教师在英语教学中应该了解并尊重学生不同的认知类型，针对不同的学习个体因材施教，妥善引导，将自己的教学特点与学生的需要联系起来，进而取得良好的教学效果。

②语言潜能。语言潜能是指学习英语所需的认知素质，或者说是学习英语的能力倾向，即一种固定的天资。不同的学生，其语言潜能也存在着一定的差异。在英语教学过程中，教师应了解学生的语言潜能，进而因材施教，使学生针对不同的学习任务在不同场合发挥各自的长处，以达到事半功倍的教学效果。

③情感因素。学生在英语学习过程中受到个人情感因素的影响，如性格、态度、学习动机等。其中，性格不仅是学生的重要情感因素，而且是决定学生英语学习成功与否的关键因素之一。态度是个体对待他人或事物的稳定的心理倾向或为达到某种目的而做出的一定努力。态度一般包括认知成分、情感成分和意动成分三个方面。其中，认知成分是指对某一目标的信念；情感成分是指对某一目标的好恶程度；而意动成分则是指对某一目标的行动意向及实际行动。学习动机是指激发个体进行学习活动，并使学习活动朝向一定的学习目标的一种内在过程或内部心理状态。学习动机是直接推动学生进行英语学习的内部动力，对英语学习成绩有着关键的影响。

3. 学校

英语教学要想取得良好的效果，离不开学校的重视和支持。具体来说，学校对英语教学的重视和支持主要体现在以下三个方面。

（1）提供时间保证。同传统教学相比，现代教学中英语教师在进行备课时常常需要付出更多的时间与精力。同时，学生在参与教学时在课前准备与课后复习上也需要花费更多的时间。因此，学校在整体教学安排上要为英语教学的备课与上课预留出充足的时间，保证教师备课与学生上课的时间不被其他教学活动所挤占。

（2）提供设施保证。英语教学具有方式灵活的特点，为了达到更好的教学效果，一些必要的教学设施，如多媒体教学设备、活动场地、活动材料等是必不可少的。另外，教学的内容丰富多彩，离不开电子期刊、英文报刊、教学软件等教辅资源。可见，英语教学的顺利开展离不开学校的资金投入。学校投入资金购置、租用与英语教学相关的设施，对提高教学效果有积极的推动作用。

（3）提供良性机制。为保证英语教学顺利进行，学校应为英语教师创造轻松的工作环境，积极为英语教师解决工作、生活中的难题，同时提供科研的空间和深造的机会。这些努力会使英语教师深刻认识到自己工作的意义和价值，提高工作的积极性，从而努力提高自己的教学水平，保证英语教学的有效性。同时，学校在人才培养方案中规定学生通过学习应达到的基础英语水平，可以激发学生学习的动力，促使学生积极参与和投入教学中，从而改善课堂教学效果，提高英语教学水平。

4. 教学内容

教学内容是指在教学活动中为实现教学目标，师生共同作用的知识、思想、观点、概念、原理、事实、技能、技巧、问题、行为习惯的总和。教学内容是教师和学生进行教学活动的重要依据。没有教学内容，教学活动就无法进行。根据教学目标，选择并确定教学内容，制订课程计划、课程标准，编制教科书，在教学过程中发挥师生的主动性，活化教学内容并使学生有效掌握，是保证高质量人才培养的重要前提。可见，教学内容也是影响英语教学效果的重要因素。归纳起来，英语教学的内容主要包括以下五个方面。

（1）语言知识。语言知识是语言学习和语言运用的重要内容之一。没有扎实的语言知识作为基础，学生就不可能掌握较强的语言能力。例如，大学英语教育阶段的学生应该学习和掌握的英语基础知识包括语音、词汇、语法、功能和话题。这五个方面的内容密切联系、不可分割。语音、词汇和语法（语言形式）体现在一定的话题中。学生在运用语言时，除了要具有话题知识，还应掌握语言形式在一定话题中所具有的功能。只有当他们既掌握语音、词汇和语法，又具备语言功能和话题方面的知识时，才能正确、得体地运用语言进行交流和沟通。

（2）语言技能。学生在学习和运用语言时必备的四项基本语言技能是听、说、读、写，掌握这四项基本语言技能是学生提高综合语言运用能力的重要基础和重要手段。大学英语教学内容必须包括听、说、读、写四个方面的语言技能及其综合运用能力的培养，为学生提供体验语言和感知语言的机会，促进学生更加熟练地掌握语言知识。在这四项基本技能中，听是分辨、理解话语的能力；说是运用口语表达思想的能力，同时也是运用口语输出信息的能力；读是辨认、理解书面语言的能力；写则是运用书面语表达思想的能力，同时也是运用书面语输出信息的能力。通过大量听、说、读、写的专项和综合性语言实践活动，学生可以提高这四种技能的综合运用能力，为真实的语言交际奠定基础。

（3）学习策略。学习策略指学生为有效地学习和发展而采取的各种方法。英语的学习策略包括认知策略、调控策略、交际策略和资源策略等。掌握正确的学习策略有助于提高学生学习英语的效率和效果，也有助于学生学会独立学习和自主学习，为学生的终身学习奠定基础。使用有效的英语学习策略，可以改进英语学习方式，提升英语学习效果。教师在英语教学中要有意识地帮助学生找到适合自己的学习策略，对自己的学习过程、学习效果进行监控和反思，培养学生根据学习内容不断调整学习策略的能力，并引导学生学会观察他人的学习策略，通过与他人交流学习心得，尝试不同的学习策略，最终寻找到最适合自己的学习策略。

（4）情感态度。情感态度既包括影响学生学习过程和学习效果的相关因素，如兴趣、动机、自信心、意志力和合作精神等，又包括学生在学习过程中逐渐形成的国家意识和国际视野。学生在学习过程中往往受到价值观、意志力、理智、动机及教师的人格、态度、情感投入、教学风格等各种情感因素的影响。因此，教师在英语教学中有责任和义务关注学生的情感，帮助学生培养和发展积极向上的情感态度。在英语教学中，教师应该不断激发学生的学习兴趣，并引导学生逐渐将兴趣转化为稳定的学习动机，树立自信心，锻炼克服困难的意志，正确认识自身的优势与不足，培养乐于与他人合作的品质，同时，增强国家意识，拓宽国际视野。

（5）文化意识。在英语教学中，文化是指英语国家的历史地理、风土人情、传统习俗、生活方式、文学艺术、行为规范、价值观念等。语言和文化是密不可分的，脱离文化，语言就失去思想性、人文性、知识性和工具性。接触和了解英语国家的文化，不仅有助于学生理解和使用英语，而且有助于学生加深对本国文化的理解与认识，还有助于学生提高人文素养。英语学习离不开对英语所代表和负载的文化的了解。

在英语教学过程中，教师应渗透文化意识，根据学生的年龄特点及认知能力，向学生传授文化知识，并逐步扩展文化知识的内容和范围；此外，教师还应促进学生在学习其他民族的优秀文化时更好地继承、发扬中华民族的优良传统，培养学生"传承文明，开拓创新"的意识和能力。

二、大学英语教学策略

（一）服务国家发展战略，加强英语教育战略与布局研究

随着经济全球化进程的加快，新时期国家发展战略为英语学科的发展提供了新的机遇。随着国家经济的发展，我国的国际地位和在许多领域的话语权得到快速提升，中国参与国际事务的机会不断增加，国家迫切需要大批"具有国际视野、通晓国际规则、能够参与国际事务和国际竞争的国际化人才"。同时，国家实施"走出去"的发展战略也需要大批专门的英语高端人才和国际事务人才。在中国逐渐融入世界、与世界各国人民交流的大趋势下，全民对学习英语、提高英语能力的需求也为英语学科的发展提供了更多的机遇。

为了对接国家发展战略，更好地发挥哲学社会科学"认识世界、传承文明、创新理论、咨政育人、服务社会"的基本功能，英语学科应该从长远出发，对英语教育布局、人才培养、学科建设等进行认真的思考和研究。

我们需要研究其他国家的做法，吸取它们在这方面的经验和教训。我们需要调查研究，了解我们在英语人才、英语使用、英语教育等方面的实际情况。更重要的是，我们还

需要了解国家未来发展的需求，根据国家的发展战略，科学规划、调整英语教学结构，思考英语人才的培养和使用如何有效地对接国家战略。

中国英语发展战略研究应该关注以下重大问题：确定英语教育发展战略的目标，做好规划；对接国家"走出去"发展战略，推动中国学术和文化"走出去"；加强区域和国际关系研究。

1. 英语教育发展战略的目标与规划研究

战略目标既要指向未来，又要从实际出发，要在此基础上提出发展的要求，创造发展的条件，制定发展的措施。战略目标要能够在现有的或可能的条件下实施。英语教育发展战略目标应该是动态的，不同时期应制定不同的战略目标。

首先，要了解我们有哪些英语资源以及这些资源的分布情况，以便我们合理规划、使用这些资源。我们需要建立一个英语资源和英语人才数据库。

其次，加强战略规划与英语专业发展战略研究。关注英语专业的定位、专业设置、办学层次、人才培养模式与规格、课程设置、跨学科与复合型人才培养研究、用英语开设的学位课程评估指标体系研究；开展英语人才培养及人才储备机制研究。

最后，根据国家未来政治、经济、文化、安全等方面的发展战略，未雨绸缪，培养与储备相关英语人才，研究英语人才的培养与储备机制。

2. 对接国家"走出去"发展战略，推动中国学术和文化"走出去"

随着经济全球化进程的深入，中国学术和文化"走出去"已成为中国发展战略的一个重要组成部分，也是当今世界文化融合和人文交流的重要内容。外国语言文学学科在"中国学术国际化与中国文化走出去"过程中应该承担特殊的角色。一方面，我们应该研究中国文化和学术国际化的现状、存在问题、努力方向；另一方面，我们可以通过与海外学者和机构合作，直接参与中国学术和文化的国际化过程，同时，应致力于培养一批直接从事中国学术和文化翻译与传播工作的专门人才。

3. 加强区域和国际关系研究

随着中国"走出去"战略的实施，中国需要进一步了解世界、研究世界。

英语院校或英语专业应利用第一手信息和资料，大力开展国别综合研究、大国关系研究、国别关系研究和外国文化深度研究。同时，建立多语种舆情监测机制，加强对外合作对策研究，为国家重大外交、公共外交和国家"走出去"战略服务。

与此同时，英语专业课程设置也应做相应的调整。首先，在专业发展目标上，应充分考虑语言课程与通识课程以及相关专业课程的关系，把语言能力的培养作为提高学生专业学习能力的一个重要基础，使语言学习促进专业学习，专业学习反过来又为学生的综合语言能力服务。其次，大幅压缩基础语言训练课程，增加专业方向明确的研究性课程，努力培养学生的探究性学习能力和研究能力。

（二）加强英语教学理论研究，全面提升英语教学质量

在中国，加强英语教学改革、提高英语教学效率和质量已不仅仅是一所学校的责任，

它还事关国家安全和未来发展、事关数千万在校学生的"素质教育"、影响中国国际形象。因此，切实了解国家发展战略和社会、经济、文化、教育发展对英语的真实需求，从国家利益高度对英语教育进行整体规划和布局是解决目前英语教学中诸多问题的关键之一。

除了国家语言政策制定部门和教育管理部门根据国家宏观需求对英语教学明确定位、对各级各类学校的英语教学进行宏观的指导外，各高校还应该根据自己的办学层次和人才培养类型对英语教学进行定位。英语教学理论研究应加强基础阶段英语教学改革研究，以大幅提高英语教师的教学创新能力、培养学生的英语使用能力为目标，淡化应试教学，尽快制定统一的英语能力评价机制和标准。在大学英语教学改革方面，我们应该深入探讨大学英语教学如何为高等教育国际化服务的问题。根据不同学校的专业特色情况开展特殊用途英语研究，提高学生运用英语学习专业知识、开展国际学术交流的能力。

我们应该研究欧洲国家"用英语开设学位课程"的做法，把大学英语教学的目标设定成为高等教育国际化服务。大学英语教学为高等教育国际化服务主要体现在三个方面：①提供国际化课程的师资；②提供部分英语讲授的国际化课程；③帮助学生适应英语授课，满足英语学术交流的需求。

英语教学理论研究同样肩负着"认识世界、传承文明、创新理论、咨政育人、服务社会"的使命。"认识世界"，就是要揭示语言学习，特别是英语学习的规律；"传承文明"，就是要把人类文明史一切优秀的成果，尤其是有关语言、语言学习和文化的优秀成果，特别是成功的英语教学实践经验等，继承下来，发扬光大；"创新理论"，就是要通过对现有理论的反思，不断创新，获得新的突破；"咨政育人"，就是用我们的成果去为政府有关语言教育政策，特别是英语教育政策的制定提供可靠的理论依据；"服务社会"，就是用我们的理论成果去为千千万万学习和使用英语的人提供资源指导和帮助。

三、大学英语教学理论与实践的关系

（一）大学英语教学应自觉实践

语言是交际工具之一，学习英语的根本目的是进行交际。人们运用语言进行交际时应熟练地运用语言材料。从心理学角度看，在交际时人们的注意力集中在思想内容上，而不是表达思想内容的语言材料上。可见掌握语言是一种高级的言语（材料）技能。这种言语技能是靠长时间大量的言语实践活动获得的。

从信息论、控制论角度来看，学习语言即通过听觉器官输入教师发出的语言信息，然后通过对信息的储存和提取来掌握语言。学生只有对教师发出的语言信息不断做出反应，并多次进行强化练习，才能熟练地提取信息，掌握言语技能。语言学家粗略地统计过，掌握一门语言，应进行不少于上万次的强化。控制论专家认为，单纯强化还不够，还必须对强化效果做出评价，指出练习中的正误，即反馈。

由此可知，强化和反馈是学好英语的主要环节，这也就是说，学好英语必须不断强化、反复操练、大量实践。但是，对已经掌握了母语、思维能力较强的学生来说，学习英语绝不是动物型的实践，而是人类型的实践，即自觉实践。

这种实践有以下四个特点。

一是英语学习是有目的、有计划、有意识、有动机的活动。这种活动要求学生发挥自觉性、积极性和创造性。

二是言语活动不只是刺激—反应型的反射活动，更主要的是智力活动。

三是心理学证明，如果人们能理解所从事活动的性质，那么技能的形成会更快更容易。由此可知，学生进行言语活动时，有必要向他们讲解一些语言的理论知识，用理论知识指导言语实践活动。

四是言语活动是人类诸多活动中的一种，有其特性，即交际活动总是为"解决一定的交际课题"而进行的。要使英语教学密切结合实际，就要把交际活动既当作教学目的，又当成教学手段。

（二）大学英语教学应注重交际

理论和实践的关系，从语言角度来看，也是语言知识教学与言语实践活动的关系。语言知识教学能使学生掌握英语的句型、语法、词汇等基础知识。言语实践活动是指人们借助语言进行的交际活动。交际活动表现为听、说、读、写四个方面，因而言语实践活动实质上是听、说、读、写的活动。英语教学是由语言知识教学和言语实践活动两大部分组成的，在英语教学工作中要处理好这两方面的关系。

在交际活动中语言和言语是统一的。人们之所以能够在听、说、读、写活动中表达自己的思想或领会别人的思想，主要是因为掌握了交际手段，否则，是不能进行交际活动，学不会英语的。但是，离开听、说、读、写的言语实践活动，孤立地学习语言知识，不仅学生对语言知识理解不透彻，而且语言知识本身也失去了意义，成了"无本之木，无源之水"。这就是语言知识教学和言语实践活动的辩证关系。

（三）大学英语教学应精讲多练

从课堂教学安排来看，理论和实践的关系也是讲和练的关系。如何处理这两者的关系？有些教育专家讲得好，能否熟练地掌握英语并不取决于教师的讲解和说明，而取决于学生练习的数量和质量，因此教师的责任在于想方设法让学生多做练习，多实践。这便是"精讲多练"的原则。这条原则既肯定了语言知识的讲解，又肯定了实践练习。但主要是强调多练，要使英语课堂的绝大部分时间用在言语操练和实践活动上。

为了保证多练才提出精讲，精讲为多练提供了条件。所谓精讲是指：精选语言材料，不追求语言知识的全面和系统性，重视与培养交际能力有关的语言材料；讲解要精练，在内容上不要旁征博引；使用语言要精确、简练。

多练是作为精讲的对立面提出来的，与讲相比，练宜多。就整体来看，多练是有限度的，并非越多越好。任何事物都要有量的界限，否则会适得其反。不仅要多练，还要善练。练习要科学化，练习内容要有针对性、目的性，难点要反复练习。练习形式和练习安排要有利于培养交际能力，要符合学生掌握英语的心理过程。

在英语教学的实际操作中,真正处理好理论与实践的关系后,就不用担心顾此失彼。只要教师严谨对待,我们有理由相信英语教学必将随着时代变化而日趋完善。

第二节 大学英语教学的理论基础

一、人本主义心理学理论

人本主义心理学是 20 世纪五六十年代在美国兴起的一种心理学思潮,其主要代表人物是马斯洛(A. Maslow)和罗杰斯(C. R. Rodgers)。人本主义心理学认为,人不仅是思维的存在,也是情感的存在。学习过程是以人的整体的心理活动为基础的认知活动和情意活动相统一的过程。认知因素和情意因素在学习过程中是同时发生、交互作用的,它们共同组成学生学习心理的两个不同方面,从不同角度对学习活动产生重大影响。如果没有认知因素的参与,学习任务不可能完成;同样,如果没有情意因素的参与,学习活动既不能发生也不能维持。人本主义重视的是教学过程而不是教学内容,重视的是教学方法而不是教学结果,强调教学的目标在于促进学习。教学中要以学生为中心,教师只是学习的促进者、协作者或者说话伙伴、朋友,学生才是学习的关键,学习的过程就是学习的目的之所在。

人本主义理论主张废除以教师为中心的模式,代之以学生为中心的模式,而以学生为中心的关键,是在于使学生感到学习具有个人意义。

人本主义学习理论认为学习是个人自主发起的,对学习本质的揭示是从人的自我实现和个人意义的角度加以描述,使个人整体投入其中并产生全面变化的活动,是个人的充分发展,是人格的发展,自我的发展。[①]

美国心理学家马斯洛、罗杰斯等创立的人本主义学习理论提出了十条学习原则。

(1)人生来就对世界充满好奇心,人类生来就有学习的潜能。

(2)当学生觉察到学习内容与自己的目的有关时,有意义的学习就发生了。

(3)当学生的信念、价值观和基本态度遭到怀疑时,他往往会有抵触情绪。

(4)当学生处于相互理解和支持的环境里,在没有等级评分却鼓励自我评价的情况下,就可以消除由于嘲笑和失败带来的不安。

(5)当学生处于没有挫败感却具有安全感的环境里,就能以相对自由和轻松的方式去感知书本上的文字和符号,区分和体会相似语句的微妙差异,换言之,学习就会取得进步。

(6)大多数有意义的学习是边干边学、在干中学会的。

(7)当学生负责任地参与学习时,就会促进学习。

---

① 王晓琳. 人本主义心理学对大学英语教学的启示 [J]. 金田,2015,(第 4 期).

（8）学生自我发起并全身心投入的学习最深入，也最能持久。

（9）当以自我批判和自我评价为主、他人评价为辅时，就会促进学习的独立性、创造性和自主性。

（10）现代社会最有用的学习是洞察学习过程、对实践始终持开放态度，并内化于自己的知识积累。①

人本主义学习理论强调学习是一个情感与认知相结合的精神活动。在学习过程中，情感和认知是彼此融合、不可分割的两个部分。整个学习过程是教师和学生两个完整的精神世界的互相沟通、理解的过程，而不是以教师向学生提供知识材料的刺激，并控制这种刺激呈现的次序，期望学生掌握所呈现知识并形成一定的自学能力和迁移效果的过程。由此可以理解，教学也不再是以教师为中心，以知识输入讲解为主要方式的活动了。要使整个学习活动富有生机、卓有成效，需要以学生为中心，深入其内在情感世界，以师生间的全方位的互动来达到教学目标。这不同于多年来我国大学英语教学课堂以教师为主体、以教师讲解传授为主要形式的教学方法。

二、发生认识论

发生认识论是皮亚杰（J. Piaget）根据以他为代表的日内瓦学派对儿童心理发展的研究和其他学科有关认识论的研究而提出的一种关于认识论的理论。它试图以认识的历史、社会根源以及认识所依据的概念和"运算"的心理起源为根据来解释认识，特别是解释科学认识。② 皮亚杰心理学的理论核心是"发生认识论"，主要研究人类的认识（认知、智力、思维、心理的发生和结构）。他认为，人类的知识不管多么高深、复杂，都可以追溯到人的童年时期，甚至可以追溯到胚胎时期。③ 所以儿童出生以后，认识是怎样形成的，智力思维是怎样发展的，它是受哪些因素所制约的，它的内在结构是什么，各种不同水平的智力、思维结构是如何先后出现的等都值得研究。

三、建构主义学习理论

建构主义学习理论是认知主义学习理论的再发展，从认识论的高度提示了认识的建构性原则，强调了认识的能动性。建构主义理论的主要代表人物有皮亚杰（J. Piaget）、科恩伯格（O. Kernberg）、斯滕伯格（R. J. Stemberg）、卡茨（D. Katz）。建构主义提倡在教师的指导下，以学生为中心的学习，也就是说，既强调学生的认知主体作用，又不忽视教师的指导作用。教师是意义建构的帮助者、促进者，而不是知识的传授者与灌输者。学生是信息加工的主体，是意义的主动建构者，而不是外部刺激的被动接受者和被灌输的对象。④

---

① 王欣. 人本主义心理学对英语教学的启示 [J]. 辽宁商务职业学院学报, 2004, (第3期): 77-78.
② 戴媛. 皮亚杰认知发展理论的再审视 [J]. 消费导刊, 2021, (第1期): 12.
③ 蒋柯, 李其维. 论皮亚杰的方法论及其当代意义 [J]. 心理学报, 2020, (第8期): 1017-1030.
④ 黄静雯. 建构主义学习理论对大学英语教学方法的启示 [J]. 内江科技, 2021, (第9期): 152-153.

建构主义是学习理论中行为主义到认知主义的进一步发展，其基本观点是强调学生与外部世界的相互作用的经验及意义，积极建构自己的知识。在建构主义学者看来，学习是一个意义建构的过程，而不是对知识的记载和吸收；学生是意义建构的主体，学习依靠人们已有的知识去建构新知识；学习既是个性化行为，又是社会性活动，学习需要对话和合作；学习高度依赖于产生它的情境。与此同时，建构主义也强调以学生为中心，要求学生由外部刺激的被动接收者和知识灌输对象，转变为信息加工的主体、知识意义的主动建构者，要求教师由知识的传授者、灌输者转变为学生主动建构意义的帮助者、促进者。因此，基于建构主义的教学模式应重视四种学习方式——自主性学习、探索式学习、情境式学习和合作式学习，突出强调学生对知识的主动探索、主动发现和对所学知识意义的主动建构。

20世纪80年代，建构主义以理论研究为主，缺乏实践可操作性。而到了20世纪90年代以后，迅速发展的多媒体和网络技术为建构主义理论学习环境提供了技术支持，使得建构主义学习理论教学设计思想得以实现。建构主义理论对学习提出了许多与传统教学不同的哲学观、学习观、教学观和课堂观。这些观点和思想由不同的学者提出，也散见于不同的著作、刊物和教学语言当中，既有原创的，又有拓展的；既有从哲学高度加以概括，又有从技术的层面延伸应用。如建构主义认为，每个人在形成自己的知识框架时，既可以是单独构建的，也可以是在同伴、经验或角色扮演等因素的影响下共同构建的；在传统学习与"亲身体验"学习的平衡中，促进了学生包含着具体信念世界的抽象思想；亚里士多德关于"我们必须学会如何去实践，我们做中学"的思想，永远闪烁着指导人们如何学习的光芒。[1]

四、语言学理论

乔姆斯基（N. Chomsky）研究的不是语言的运用，而是语言能力。他的转换生成语法就是关于语言能力的语法，这种语法理论的研究对象是"被理想化了的说话人和听话人的语言知识"。[2] 他认为语言理论的主要任务是向人们提供选择语法时要依据的标准。[3] 生成语法就是这样的语法理论，它的中心思想是：某一语言的语法应该生成所有的句子。他认为语言能力是说某种语言的人对这种语言的内在认识，而语言运用则是它具体使用语言的行动。在一般情况下，语言能力和语言运用并不是相符的，语言运用并非语言能力的直接反映。乔姆斯基说，他的语言理论与索绪尔（Ferdinand de Saussure）的语言理论有一定联系，索绪尔是区别语言与言语的关系，而他是区别语言能力与语言运用的关系。他认为语言能力是一种创造过程，他特别强调了语言的创造性。[4]

---

[1] 隋俊宇，石卉. 建构主义学习理论简析［J］. 教育现代化，2019，（第98期）：33-35.
[2] 周文美. 解读乔姆斯基生成语法理论建构中的语言学思想［J］. 阴山学刊，2019，（第3期）：5-8，53.
[3] 黄生太. 乔姆斯基语言学理论的革命性［J］. 湖北广播电视大学学报，2010，（第5期）：91-92.
[4] 周含. 乔姆斯基语言理论和认知语言学对比研究简论［J］. 新课程（下），2011，（第7期）：15.

五、第二语言习得理论

虽然第二语言习得研究（Second Language Acquisition）在 20 世纪 60 年代已有开展，但作为一个独立的学科是在 20 世纪 70 年代形成的。人们对母语习得的研究给第二语言习得的研究以很多思考与启发，事实上，母语习得研究中的不少方法和手段也运用于第二语言习得研究之中。第二语言（或英语）习得主要研究第二语言（或英语）习得的过程及在这一过程中各个因素（如母语、语言输入等）的作用、学生在学习中表现的差异等问题。下面介绍的是美国学者克拉申（S. Krashen）的"监察模式"。虽然这个模式还有较多争议之处，但毕竟它是较有影响的英语教学理论。该理论由五大假设构成，即习得—学习假设（The Acquisition Learning Hypothesis）、自然顺序假设（The Natural Order Hypothesis）、监控假设（The Monitor Hypothesis）、输入假设（The Input Hypothesis）和情感过滤假设（The Affective Filter Hypothesis）。这些假设对重视语法结构学习的传统英语教学提出了强有力的挑战。

（一）习得—学习假设

克拉申认为，成人二语习得者通过两种方式获得语言能力：习得和学习。[①]

这两种途径在本质上有所区别，区分二者的标准是学生对语言规则运用的有意识程度，而不是语言环境。即前者是无意识的、潜移默化的过程；后者则是有意识的，通常依靠系统的课堂教学来完成对语言知识的掌握。此外，习得的知识存储于大脑左半球的语言区，它用于语言的自动加工，而关于学习知识的存储则观点不一，有的认为在右脑，有的认为在左脑语言中枢以外的地方，不一定在语言区。从语言应用角度来看，习得的知识是语言理解与语言表达产生的基础，而学习的知识只能起到监控的作用，即它只具有对语言输入是否正确进行监控的价值。也就是说，通过习得，学生可以获得语言知识和语言能力；通过学习，学生只能获得有关语言规则的知识。

（二）监控假设

监控假设与习得—学习假设密切相关，它体现了"语言习得"和"语言学习"的内在关系。根据这个假设，语言习得与语言学习的作用各不相同。语言习得系统，即潜意识语言知识，才是真正的语言能力。而语言学习系统，即有意识的语言知识，只是在第二语言运用时起监控或编辑作用。这种监控功能既可能在语言输出（说、写）前也可能在其后。

（三）自然顺序假设

正如第一语言习得一样，第二语言习得也揭示出一种可以预见的顺序习得语言规律。学生对某些规则掌握的快慢并不仅仅由规则的简单或复杂决定。最简单的规则不一定是最先习得的规则。即使在第二语言教学的课堂上，同样存在这种自然顺序。无论是否接受正

[①] 黄雪娥，丘可明. 克拉申的习得——学习假设及其启示 [J]. 惠阳师专学报（社会科学版），1990，（第 2 期）：47-50.

规课堂教学，英语学生总是以一种大致相同的顺序来习得第二语言。如一般现在时中，第三人称单数要加-s，这个规则十分简单，但即便高水平的第二语言习得者在其语言产出中也往往无法正确地使用它。

（四）输入假设

该假设认为，只有通过理解信息或者接受"可理解的输入"的方式才能习得语言。这种可理解性的语言输入应该略高于学生目前的水平。如果以 i 代表现有的语言水平，i+1 代表新输入的内容，这些内容应该要高于学生现有的语言水平但同时又使得学生可以理解，只有这样学生的习得才能够有所促进，习得才能够达到更高一级水平。也就是说，语言输入既要超出学生现有的语言水平，具有一定的挑战性，又不至于太难，让学生不知所措。因此，学习目标的设定就十分关键。

（五）情感过滤假设

感情过滤假设力图说明其他感情因素对第二语言习得的影响。克拉申认为习得能够获得足够的语言摄入（in-take），情感因素起着对输入进行过滤的作用。情感因素因人而异，学习的情感因素会阻碍或加速语言的习得，影响这一系统的因素有动机、自我信心和紧张程度。只有在最佳情感条件下，才会产生真正的习得。[1]

他又认为这一系统可以影响学生的速度，但不影响习得方向与路线。[2]

克拉申的理论是第二语言习得理论中最为全面的理论，在第二语言教学界受到极大的重视，同时也带来很多批评意见。这些意见主要有三个方面：第一，"习得"与"学习"这两个概念的区分是按照"下意识"和"有意识"，这两者均不能在实验中得到检验。而且他认为"习得"的知识不能跟"学习"的知识互相转换，更是受到广泛的质疑。第二，所谓"监控过程"，有很多难以解释的问题。第三，"变量因素"对于解释语言应用的多变性方面还不能令人信服。

---

[1] 陈雅静. 关于克拉申输入假说的综合论述［J］. 英语教师, 2022, （第2期）: 8-10.
[2] 李博琳. 克拉申"语言输入假说"综述［J］. 海外英语, 2021, （第12期）: 103-104.

第二章 大学英语教学的基本模式

第一节 任务型与内容型教学模式

一、任务型教学模式

(一) 任务型教学模式的定义

任务型教学是由当前交际法发展而来的。它是 20 世纪 80 年代英语教学研究者经过大量研究和实践提出的一个具有重要影响的语言教学模式,该模式是 20 年来交际教学思想的一种发展形态,它把语言运用的基本理念转化为共有实践意义的课堂教学方式。学生在教师的指导下,通过感知、体验、实践、参与和合作等方式实现任务的目标,感受成功。该模式提倡"意义至上,使用至上"的教学原则,是一种以人为本,以应用为动力、目标和核心的教学途径,要求学习者通过完成任务,用目标语进行有目的的交际活动。

任务型教学模式中的"任务"可分为两类,一类是"教学任务",即学生在课堂上的学习活动;另一类是"真实任务",即在日常生活中从事的各种各样的事情。"任务"中的问题不是语言问题,但需要用语言来解决,学习者使用语言并不是为语言本身,而是利用语言的"潜势"达到独立的交际目的。任务型教学模式是交际法的一种新的形态,是交际法的发展,而不是交际法的替代物;任务型教学强调教学过程,力图让学生通过完成真实的生活任务而参与学习过程,从而让学生形成运用英语的能力;任务型教学虽然强调学生运用英语进行交际的能力,但从更广泛的层面强调培养学生的综合运用能力;任务型教学强调以真实生活任务为教学的中心活动,修正了以功能为基础的教学活动中存在的真实性不足的问题;任务型教学要求教学活动要有利于学习者学习语言知识、发展语言技能,从而提高实际语言运用能力。

(二) 任务型教学的种类

任务型教学的种类主要是指教学过程中任务的种类。首先,听写任务。许多大学的教师和学生都觉得大学英语不再需要听写,听写更像是中小学的学生应该完成的任务。其实,这种认知是错误的,大学英语同样需要学生打好基础,而且现在有不少大学生存在眼高手低的缺点,自认为大学生不再需要通过听写去监督自己,所以多一些基础知识的掌握并不牢固。例如，很多大学生在英语作文中还存在单词拼写的错误，在阅读中存在着发音不准的问题。可见，听写任务仍然需要出现在大学英语的课堂上。其次，对话任务。大学的英语学习更应该注重口语，现在大学英语的四级考试与六级考试也都设有口语考查的项目，而且一些大学生还随时处在需要用英语对话的环境。所以，提高大学生的英语口语水平迫在眉睫，在大学英语课堂上给学生布置英语对话的任务就显得十分有必要了。再者，表演任务。模拟英语对话的情景，表演的方式比对话更有效。表演任务可以让学生在自己创设的情景中进行对话，那种感觉更真实，对学生的锻炼也更有效果，是一种比较值得提倡的任务类型。最后，小组讨论。这一任务类型比较适用于学生对某些英语知识点存在疑问时，教师可以让学生通过小组讨论的方式先自己解决，把时间交给学生自己，待同学们讨论出自己的结果后教师再给予总结和评价。不过，这种任务方式和听写任务一样，在大学的英语课堂上也是比较少见。

(三) 在大学英语课堂中有效应用任务型教学的策略

1. 做好课前的任务准备工作

许多教师和学生觉得英语课的任务不需要提前准备，这种观点是错误的。对于任务型教学来说，科学有效的课前准备能够为课上节约很多时间，而且任务完成效率也会有很明显的提高。尤其是对任务资源管理和相关互动的准备工作，在正式上课之前，教师就应该将所要进行的任务的具体内容、进行方式和学生沟通好，这样在课堂中教师和学生在开展任务时默契度会更高。同时，任务不能过于单一，教师应该在备课时就多准备几种任务，然后根据课堂上学生的具体表现和知识掌握情况布置合适的课后任务。同时，学生在英语课堂上可能会用到很多视频文件、音频文件等，教师应该提前将学生可能会用到的资源以电子或者纸质文件的方式发给学生，让学生对自己所要进行的任务有一个了解。除了课上布置任务外，在课前进行准备和预习时，教师也应该给学生安排相应的预习任务，并且在班级群中通知学生按时完成课前任务。

2. 遵循任务型教学的相关原则

在大学英语中开展任务型教学有许多方面的原则需要教师遵循，主要体现在六个方面。第一，任务要具有驱动性。也就是说大学英语中的语言知识、需要运用技能、语言活动等都是以具体的任务为中心的。同时，学生在完成这些具体任务的过程中，也要试着接触和运用全新的语言材料，这样学生的综合能力才能得到锻炼和提高。第二，任务型教学的目标必须是具体的，内容是具有实用性。在大学英语课堂上，教师所提供的语言材料必须具有真实性，同时要有价值。教师在设置具体的教学任务时也是要利用好这些语言材料，紧紧围绕着具体的教学内容。第三，在任务型教学中，遵循做和学一体化原则。完成教师提出的任务不是目的，学生在完成任务的过程中能够发现各种各样的问题，同时运用各种方法去解决这些问题，进而增加自己的知识储备，提高自己的运用能力和解决问题能力，这才是任务型教学的目的。第四，要遵循任务型教学开放性与针对性并存的原则。英语教师要根据学生所学到的英语知识来布置任务，但是任务不能千篇一律，也不能过于单一，还不能是孤立的。第五，英语任务既要具有多样性又要不失层次性。任务的形式是丰富的，教师如果在布置任务时不能在形式上具有创新化和灵活化特点，那么这些任务在学生眼里就是枯燥的、乏味的，学生的任务完成率就会有所降低。但是任务的多样化也是要有一定限度的，教师在对任务进行设计时也不能够一味重视多样化，从而忽视了其深度和难度。第六，英语任务要兼具趣味性和可操作性。任务重在能够抓住学生的心理特点，来使学生更有动力。但是，趣味只是英语任务的一个方面，趣味性不能掩盖其作业的可操作性，教师布置的任务还要具有可以操作的价值，这样的任务型教学才是科学有效的。

3. 提高教师和学生对任务型教学的重视程度

教学是由一个又一个的教学任务组成的，而教学任务再被细分为一个又一个的教学活动，科学的、有针对性的教学任务能够激发学生探索的兴趣。所以在布置英语任务时，教师首先要对整体的英语教学目标有深刻的理解和把握。然后要以英语学科的层次性和学生阅读能力的层次性为依据，要有层次、有针对性地去布置任务。在提出任务之前教师可以创设有趣的任务情境。任何类型的英语教学，都需要情境的烘托，任务型教学也不例外，尤其是在激发大学生对英语的兴趣这方面，情境的创造更是起到了不可替代的作用。在日常的大学英语教学课上，英语教师主要是负责讲解英语教材的单词和课文等一些基础内容，那么通过布置任务的方式教师可以将一些主动权交给学生，有意识地增加学生展示自己和训练自己的机会国。教师要多为学生们提供宝贵机会，可以在课堂上开展一些英语活动，例如英文电影配音、角色扮演、台词翻译等，让那些英语水平比较低的学生逐渐消除对英语的抵触情绪。或者是，英语教师尽量每节课前拿出五分钟左右的时间让学生们自主进行英语口语交流，并养成一种教学习惯，这一常态化的教学任务不仅能培养学生们说英语的习惯，也可以彼此纠正对方的发音，找到别人和自己发音存在的问题。课下的时间比较充裕，教师可以给学生们布置课后日常任务，让他们每天都说英语或者是听英语栏目。同时，教师还要注意学习任务的层次性和独特性，这是为了解决当下在大学英语教学中常见的任务形式单一的问题。虽然说英语学习任务不能过于单一，但是不同的学习任务之间在难度上一定要有梯度，要能够层层递进。

综上所述，任务型教学在大学生的英语学习生涯中发挥着十分关键的作用。作为一种现代性比较强的学习方式，任务型教学对大学的学生和英语教师都提出了一些要求，需要他们不断努力、不断尝试去满足这些要求。任务型对于学生英语练习的效率和质量都有很大的帮助，还能够为具体的学习和活动增添趣味性。但是，任务型教学看似简单，但是实施起来也是比较困难的，这对教师和学生来说也有许多方面的挑战，需要教师和学生共同去探索和克服。

二、内容型教学模式

(一) 内容型教学的基本原则

内容型教学法通过运用目标语教学学科内容，把语言系统与内容整合起来进行教学。

这种整合观是基于一种对语言教学的认识：只有同时给予两者相同的重视，而不是将两者分离开来，才能促进两方面同时发展。而运用目标语教学学科内容可以较理想地达到整合这两个方面的目的。其基本原则如下：

1. 教学决策建立在内容上

语言课程的设计者和教材的编写者在设计阶段面临的两个问题就是内容（包括哪些项目）的选择和排序（如何排列这些项目）。在传统的教学方法中，不少方法如语法翻译法、听说法，它们通常按照语法的难易程度编写：如一般现在时比其他时态更容易学习，在教材的编写和教学中自然处于优先学习的地位，根据此原则编写的教材及在教学中都把容易学习的内容放在初学阶段。然而，内容型教学法颠覆了传统方法中内容的选择和排序原则，彻底放弃了以语言标准作为教学的出发点，而是把内容作为统率语言选择和排序的基础。

2. 整合听、说、读、写技能

以往的教学法常常以分离的、具体的技能课，如语法课、写作课、听说课的形式进行教学。内容型教学法试图在整合听、说、读、写四项基本技能的同时，将语法和词汇教学包含于一个统一的教学过程之中。由于语言交流的真实情景，以及语言的交互活动涉及多种技能的协同，派生了这项教学原则。同样，内容型语言教学反对在课堂上主张先听说、后写作的教学顺序。它没有固定的、一成不变的技能教学顺序，相反，它可从任何一种技能出发。可以看出，这一原则是第一个原则的引申，是内容决定、影响教学项目的选择和顺序原则的具体表现。

3. 教学的每一个阶段都要求学生积极地主动地参与

自交际法产生以来，课堂的中心从教师转向学生，"做中学"成为交际语言教学的基本原则之一。任务型教学是交际法发展的分支，它强调学生应在完成任务的过程中进行探索性、发现性的学习。同样，内容型教学也是交际法的分支，重视学生在参与学习的过程中积极主动地学习。主张内容型教学的学者们认为，语言学习应产生于将学生暴露于教师的语言输入中，同时，学习者还可以在与同伴、同学的交往中获得大量的语言信息。因此，在课堂的交互学习、意义协商和信息收集，以及意义建构的过程中，学生承担着积极的社会角色。在内容型语言教学中，学习者可以承担多种角色，如接受者、倾听者、计划者、协调者、评价者等。与学习者多重身份一样，教师也扮演着多重角色，他们可以是学生的信息源、任务的组织者、学习活动的引导者、控制者和促进者、学生学习活动的评价者等等。

4. 学习内容的选择与学生的兴趣、生活和学习目标相关

内容型教学法的内容选择最终决定于学生和教学环境。教学内容通常与具体的教学和教育环境中的教学科目平行进行。因此，在中学阶段，外语教学内容可以来自学生在其他科目，如科学、历史、社会科学中学习的内容。同样，在高等教育环境中，学生可以选修"毗邻"语言课。"毗邻课"是两个教师从两个角度教学同一内容，从而达到不同的教学

目标的课型。在其他教学环境中，教学内容可以根据学生的职业需要和一般的兴趣特点进行选择。事实上，由于对于哪些内容是学生普遍感兴趣或者直接相关的很难确定，教材的编写者、使用者都很难把握这一原则。但是，由于每个内容单元的教学时间长，教师有大量的时间和机会把课程内容与学生的兴趣以及他们已经具备的知识结合起来，因此，让学生对所选内容感兴趣是内容型教学理论实现的重要基石。

5. 选择"真实的"教学内容和任务

内容型教学的核心成分是真实性。它既要求课文内容的真实，又要求任务内容的真实。一首歌谣、一个故事、一段卡通都可以作为真实的教学内容。把这些真实的内容放置于外语教学课堂将改变它们原本的目的，从而服务于语言学习。同样，任务的真实性也是内容型教学的目标，任务必须与一定的文本情境结合，反映真实世界的实际状况。

6. 对语言结构进行直接学习

内容型教学将学生暴露于真实的语言输入中，目的在于让学生获得运用语言进行交际的能力。文本形式、教师的课堂语言输入、学生之间的结对子活动以及小组活动都是内容型教学的信息源。但是，内容型教学认为，仅仅通过可理解性输入不是成功的语言学习，对真实文本中出现的语言结构必须采取提高意识的方法进行学习。

（二）内容型教学法的特点

内容型教学法旨在将学生尽可能地暴露于与他们直接相关或者他们感兴趣的内容之中。从这个简单的定义可知，与学生直接相关和他们感兴趣的内容不但包括学生日常生活中会共同面对的问题，而且也包括他们学习的其他科目的内容。事实上，学生学习的学科内容更应该合理地整合于外语教学，以促进学生的思维和语言能力的整体发展。那么，内容型教学法具有哪些主要特点呢？

首先，内容型外语教学法的主要特点在于对"内容"的强调和利用。"内容"可以满足语言教学多方面的目的。一方面，它为外语课堂教学提供极其丰富的教学情景，教师可以利用这些内容呈现，解释语言的具体特征。另一方面，实验证明，富有挑战性的"内容"是语言习得成功的基础。无论是克拉申的"可理解性输入"理论，还是维果茨基的"最近发展区"理论，都强调综合的、富有挑战性的、略高于学习者当前语言水平的内容输入。因此，把内容输入置于特殊的地位是当前内容型教学法普遍实践或实验的趋势。

其次，内容型教学法的内容选择不以教学课时为基本单位，通常一个单元的内容都会超出单个课时。事实上，内容型语言教学的教学内容单元往往长达几周课时，甚至更长。

（三）内容型教学法的教学模式

目前，内容型教学法主要有以下两种模式：

1. 主题模式

主题模式通过主题形式来组织教学。这些主题内容主要来自学生学习的其他科目，或者与他们的兴趣和生活密切相关的内容。主题教学是为了实现教学内容、教学方法的突破，解决外语教学中长期难以解决的矛盾。

主题教学模式强调学习语言所表达的意义，但并不忽视对于语言形式的学习。学生通过主题的建构学习有关社会生活的知识，通过细节环节，学习词、短语、句型和语法知识，从而把意义与形式有机地结合起来。

实现教师引导与学生自主学习的统一。教师的职责在于创造学习的语境，并给予正确的引导与示范。教师把以主题为主的认知结构的建构、拓展和深化的任务交给学生，这样就从真正意义上培养了学生的自主性。

实现学生跨文化交际能力的全面发展。在以主题为中心的外语学习中，学生获得了有关社会、文化和交际方面的丰富知识；在完成围绕主题、话题的交际任务中，学生提高了以听、读、写为基础的跨文化交际能力，培养了自身的素质，发展了个性；在自主性的学习中，学生找到了自我价值，实现了自我的超越。外语教学以主题为线索，按主题—话题—细节的步骤，使学生逐步建立较为完整的反映主观与客观世界及社会交际需求的知识系统。

2. 附加模式

附加模式是指语言教师和学科内容教师同步教授相同的内容教学，但是他们的教学重点和教学目的不同。语言教师的教学重点在于语言知识，完成语言教学目标；而负责学科内容的教师重点在于学科内容的理解上。例如，一个英语教师和一个心理学教师都以心理学内容进行教学，其中，英语教师将心理学材料作为英语语言课程的内容，其教学目的是为了提高学生的英语使用能力；而心理学教师的教学目标是完成心理学学科内容的教学。因此，在英语教师的课上，学生的主要任务是通过对富有挑战性的内容的理解和吸收，从而较快地理解难度较大的内容，并在语言教师的指导下，快速学会语言。

（四）内容型教学模式的优缺点

1. 内容型教学法的优点

（1）内容型教学法中丰富的学科内容能促进学生智力的发展。迄今为止，交际法是最重视外语教学中语言形式和内容密切结合的方法。但是，由于交际法没有摆脱教学法由来已久的"内容自由"选择的传统，仍然以语言的功能或者意念形式选择内容。这样一来，语言本身既充当内容，又是教学的中介，很容易造成课堂内短期的循环现象：即教学的中心一段时间在内容上，一段时间在一些具体的语言结构上。但是，不同的内容要求不同的思维方式，不同的思维方式需要不同的教学内容。也就是说，不同的语言内容会引起学习者不同的认知过程，单一的、以结构为组织原则的教学不能满足学生学习时认知能力发展的需要。因此，多元的、丰富的学科内容成为语言教学的核心，成为发展学生认知能力的一种选择。随着时代的发展，外语教学的目的越来越趋向于使语言教学成为人类发展的重要因素，成为人类思维能力、语言能力发展的条件。沉浸式语言教学的研究表明，在第二语言的学习中，学习者普通认知技能的发展和将学习者暴露于母语中同等重要，获得语言能力（语音、词汇、语法、语义、功能意义）和认知过程（理解、分析、应用、综合、评价）之间存在密不可分的关系。问题的关键是，不同的思考方式要求不同类型的语言内容。因此，通过激发学习者对丰富内容的兴趣，从而达到在发展思维的同时促进语言能力的发展。

（2）提高学生的高级学习策略。学生的学习策略也会在思维的发展中得到提高。例如，学习推导的策略远比找出同源词难度更高。翻译、重复、惯用语的使用等都是学习者在学习语言早期容易掌握的策略。但是，在内容缺乏的环境中，他们常常被禁锢于狭隘的语言结构知识情景中，很难发展，如运用、监控、推导等高级策略。而这些高级策略才是成功学习一门语言的条件。卡明斯曾经研究了语言情境和认知难度对语言学习的影响。他发现认知难度大的任务驱使学习者发展不同的思考方式，而且这些任务与情境密切联系。在真实的任务情境中，学生积极参与意义协商，在遇上不理解的信息时，学生会积极提供反馈。

在这种情况下，大量的副语言特征和情境信息共同支持语言的发展。此时，语言得到的支持将最大化。当情境和认知难度都降低或减少时，学生对语言意义的理解和成功解释信息的能力只能依靠语言本身的知识，如通过分析句法结构、寻找同源词等。情境丰富的语言学习环境为学生提供大量的语言的、元语言的、超语言的材料，它们在学生进行信息加工的过程中意义重大。母语就是在认知难度和语言情境丰富的环境中习得的。然而，我们的外语教学与母语学习的条件相反，常常处于认知难度和情境缺乏的环境和状态下。因此，其教学效果自然不难想象。

（3）提供大量的支持语言发展的材料。如语言的、元语言的、超语言的情景内容可以大大提高对语言的感知力和理解能力，从而加速语言的发展。丰富的内容知识可以培养学生良好的学习策略。低级的策略，如翻译、重复、背诵等不足以满足外语思维能力发展的需要，高级的策略才是语言学习的成功条件。另外，对内容的敏感也会提高语言背景图式知识，以及对语法、词汇等语言系统知识的认识。思维能力在对这些知识进行处理的同时获得提高。外语教学必须以不同的内容满足人类的多种思维能力发展的需要。内容的多样性在满足人类的思维发展的同时也能促进语言的发展。可见，内容型教学法通过发展那些与语言结构相关的思维技能发展语言。因为内容与认知方式紧密联系，它要求用一系列具体的概念、观点和语法规则去表达。外语教学法改革从内容入手，一方面可以增加认知难度，促进学生思维能力的发展；另一方面使内容成为发展语言的条件，较大程度地符合外语教学从语言的发展走向人类的发展的总体规律。

2. 内容型教学模式的缺点

（1）缺乏实施内容型教学法的教材。由于内容型教学法包含的方法模式和内容体系相当庞杂，很难形成较为统一的教材。单从教学模式而言，内容型教学法就有主题模式、附加模式和遮蔽模式，每一种模式对教材、教学程序和教师知识结构的要求都不同。要编写容纳多学科内容、符合不同学科内容的教学规律的教材有很大的困难。

（2）缺乏胜任内容型教学法的师资力量。内容型教学法使对师资的要求发生了翻天覆地的变化。首先，不同的学科内容自然要求教师也具备相应的知识储备，但事实上，很少有教师可以达到这样的要求。其次，不同的教学模式对教师而言具有很大的挑战，他们不但需要具备良好的外语教学知识和技能，还要和其他学科的教师协调、合作，才能完成教学任务，这需要他们改变一直以来把外语看成同其他学科一样是一门相互独立的学科的思维定式。很显然，内容型教学法对师资的要求远远大于其他教学方法。

总而言之，丰富的学习内容是文化的载体，是语言发展的条件，也是人类思维发展的重要组成部分，因此现代外语教学法要以丰富的学科内容为出发点。为了协调语言内容和意义之间长期存在的冲突，创设新型内容型教学模式不但可以促进人的整体发展，还能彻底改变以往各种教学法流派偏于语言、忽视内容的"两张皮"的做法，改变"为教语言而教学"为"工具性目的而教学"的教学法定位，从而走向"为人的整体发展而教学"的转变。

第二节　多媒体与交互式教学模式

一、大学英语的多媒体教学模式

（一）多媒体教学模式概述

多媒体是一种现代技术，与媒体的区别在于它是由多种媒体复合而成的，是文本、声音、图像等多种媒体形式的总称，即多种信息载体的表现形式和传递方法。我们所说的多媒体实际上就是多媒体技术的简称。在信息技术高度发达的时代，多媒体又被赋予新的活力，全新的多媒体技术可以依托互联网平台进行信息交流与传播。如今手机媒体是所有媒体式中最具普及性、最快捷、最为方便的一种媒体平台，5G时代的到来更是进一步推动了手机媒体的发展，使其在各种媒体中占据主导地位。多媒体偏向于"第五媒体"，即利用移动网络，以手机为视听终端，以手机为平台的个性化即时信息传播载体。

1. 多媒体教学模式

多媒体教学模式是一种教师可以利用网络技术和通信手段将要求传送给学生的教学模式，它可以不受时间和地点限制，让学生进行学习；它更注重以学生为中心，需要学生利用教师提供的学习资料进行自主学习与合作讨论，学会发现问题和总结问题。通过慢镜头回放、细节放大等多媒体技术可将一些抽象难懂的内容变得具体形象，使繁杂的技术动作简洁化，笼统的内容清晰化，从不同的角度向学习者传递技术动作信息，提高课堂效率和学生学习兴趣。更重要的是，它的使用将使教学思想、内容、方式及课堂结构发生巨大变化。

2. 多媒体教学与传统教学的区别

传统教学是在教学过程中，教师作为主导者按照循序渐进的教学原则实施教学，通过言传身教对学生进行动作技能的传授，也就是教师示范讲解动作后学习者模仿练习。教师是整个教学活动中的组织者和领导者，学习者在学习时完全按教师教授的内容和安排进行练习，在教师的指点和纠正中对技术动作进行改正与完善，因此学习者在学习过程中一直处于被动状态。

而多媒体教学则是在教学过程中，按照教学目标的不同以及教学对象的特点，并结合现代教育技术，转变以往教师为主导的学习情况，让学生成为主动学习者，形成合理的教学结构，使教学效果达到最佳。多媒体教学是基于互联网展开的一种教学方法，它有别于传统的以电脑为教学内容传播平台的方法，而是以"第五媒体"为平台传播教学内容，如微信、QQ、微博等（教师可以用电脑将图片、文字、声音、影像等多种元素融合在一起制作适合教学的媒体内容，利用无线终端，如手机、pad 等，更为便利地向学生发布教学内容、要求等，同时也可以和学生进行沟通，获取学生学习反馈等）。

（二）多媒体教学模式的原则

1. 多媒体原则

所谓的多媒体原则，是指学习由多种媒体方式（文本和图片）呈现的内容，效果要好于学习单媒体方式（文本或图片）呈现的内容，这是由于采用多种媒体方式呈现时，学习者易于形成言语和表象心理模型并在这两种心理模型之间建立联系，而采用单媒体方式呈现内容时，学习者只能形成言语和表象心理模型中的一种。

基于巴德利（Baddeley）的工作记忆模型，工作记忆中的语音环路专门用于加工言语信息，而视空间模板专门用于加工视觉和空间信息，单媒体呈现方式只使用到其中一种，而多媒体呈现方式可以同时使用到语音环路和视空间模板，并在两种信息之间建立联系，充分利用了工作记忆，有利于提高学习效果。

2. 空间接近原则

教学中使用多媒体材料时，相对应的文本和图像临近呈现比分页呈现或隔开呈现更有利于学习者的学习。这是由于当文本和图像临近呈现时，学习者可以很容易搜索到相关信息，既节省了搜索认知资源，也可以很容易地将它们同时存储于工作记忆中。

3. 时间接近原则

在运用多媒体教学时，相对应的文本和图像同时呈现比相继呈现更有利于学习者的学习。这是由于在英语语言学习的同时呈现英语背景材料，学习者更容易在言语和表象之间建立联系。

4. 一致性原则

在使用多媒体材料时，只呈现与学习内容相关的材料，舍弃无关材料，更有利于学习者的学习。这是由于与学习内容无关的材料会争夺有限的工作记忆资源，分散学习者的注意力，干扰学习者的认知加工，误导学习者的思考方向。

5. 通道原则

在英语教学中利用多媒体技术，能调动学习者多通道加工信息的材料（例如动画+解说），比单通道加工信息的材料（如动画或解说）更有利于学习者的学习。

6. 冗余原则

所谓的冗余原则是指在能清楚说明学习内容的条件下，呈现材料的多媒体方式越少越好。这是由于使用的多媒体方式越多，越容易导致学习者认知超负荷，反而会降低学习者的学习效果。

7. 个体差异原则

使用多媒体呈现学习内容时，需要考虑学习者的知识水平和空间能力。多媒体教学模式对知识水平低的学习者影响更大，对空间能力强的学习者影响更好。这是因为对知识水平高的学习者来说，即使媒体呈现中存在不足他们也能利用自己的知识经验加以补偿，而知识水平低的学习者则由于呈现的信息不足而无法进行有效的信息加工。对于空间能力强的学习者来说，他们使用较少的认知资源便可以储存信息，且具有较强的视觉和言语表征信息的整合能力，而空间能力差的学习者则需耗费较多的认知资源用于储存信息，导致用来整合视觉和言语表征信息的认知资源减少。

8. 静态媒体原则

学习者学习静态媒体（静态图片+文字）形式呈现的材料时，学习效果比学习动态媒体（动画+言语解说）形式呈现的材料的效果更好，这是由于使用静态媒体呈现材料时，学习者的外部认知加工负荷和内部认知加工负荷都较少，因而关联认知加工具有足够的认知资源。

因此，在设计多媒体材料时，应巧妙地结合文本和图像，充分利用多感官通道，将目标任务进行合理拆分，既要使认知负荷减少，防止分散注意力，又要避免信息冗余，充分利用个体差异。

利用多媒体进行学习时，既要合理选择学习内容、合理选择材料呈现方式、恰当选择教学方法与语言，既发学习者的兴趣；又要随机抛出相关问题让学生作答，以检验学习者有效学习的程度，及时给予反馈以强化学习效果，加深学习者对所学内容的理解和记忆程度。

（三）多媒体技术在大学英语教学模式改革中的应用对策

基于网络的多媒体教学环境，有助于促进整合英语教学资源，要求教师结合教材文本内容基础，拓展丰富的英语教学内容，可以通过视频、图片等多元化形式，增强英语教学内容的形象性和生动性，在帮助学生多角度了解知识要点的同时，发挥网络教学环境优势，给予学生更加针对性地引导和教学，推动学生个性化成长。但需要注意的是，应用多媒体技术平台展开教学活动的过程中，有必要创设适合学生自主学习的氛围，通过利用网络平台功能优势，有效掌控学生学习的进度，有效把握学生学习的不足之处，进而针对性的指导学生改进自身不足。为了实现上述目的，解决当前大学英语教学模式存在的问题，下面将从以下三个方面进行分析和讨论，希望借助整合教学资源，提高学生兴趣、创设教学情境、激活学生思维、构建实践平台，提升学生能力这几个对策，有效提升学生英语学习质量和效率，进而更好地推动学生在学习过程中得到成长和进步。

1. 整合教学资源，提高学生兴趣

首先，结合多媒体技术手段开展英语教学，教师必须分析与讨论适合多媒体教学环境的教学内容与课程设置，并且需要探寻其中存在的不足之处，在了解学生培养需求以及成长要求的前提下，加快完成课堂教学与多媒体教学的整合与创新。比如：教师可以借助多媒体技术平台，分析行业企业之间对于学生英语学习的差异性需求，然后深入岗位发展方向进行有效预估，结合预估结果针对性的开设英语写作、翻译理论与实践、基础英语等课程，并将上述课程与新闻出版、教学、旅游、科研等专业进行结合，打造专业化英语课程，在此过程中有必要进行教材内容的剖析与解读，以多媒体为教学媒介扩展现有教学资源。其次，教师有必要在全面掌握教学主题的基础上，积极访问优秀的英语教学资源库，然后引用英语教学主题和主旨，借助大数据技术手段筛选海量的教学信息，并做出最恰当的导出，进一步提高学生的学习兴趣与热情。再次，考虑到英语在社会以及生活过程中的实用性特点，有必要在展开教学活动过程中引经据典，结合典型性案例，结合学生感兴趣的热点话题等内容，促使学生从多个角度和多个方向实现自主学习。最后；有必要结合拓展并与创新学习视角进行考虑，利用多媒体技术在英语课堂教学环节引入独具文化差异的跨学科、跨领域内容，进一步实现多元拓展学生知识面，激发学生完善跨文化意识的目的。

2. 创设教学情境，激活学生思维

在多媒体教学模式下，教师必须树立多媒体网络思想与英语教学创新理念，在多媒体英语课堂构建期间，能够贯彻落实以人为本的教育基础，能够采取信息化措施分析和处理英语教学资源。并且，教师有必要结合学生思维发展规律以及学习规律进行深度的分析与讨论，结合学生喜闻乐见的教学平台。比如：微信、微博、抖音等具有网络通信功能的平台，提前将课前预习微视频上传至相关平台上，并借助平台内部功能设置英语预习任务和学习任务，可以利用线上指导的方式进一步调整课堂教学结构，通过在线打卡功能，进一步了解学生学习进度。同时，教师也可以利用视频、音频、图片等元素，更多元地呈现教学内容，吸引学生课堂专注度，并适时地导入教学问题，激活学生的课堂思维，让学生在相对轻松的教学氛围中更加自主、直观地完成英语知识学习工作。另外，教师也可以借助VR虚拟现实技术，以教学主题和情境主题为依据，引入学生专业信息、就业信息、创业信息等内容，并结合系统自动模拟的方式，更加直观的呈现对应场景。在此期间，学生借助VR眼镜的形式，能够获得更加真实的感受与体会，有助于帮助学生利用所学知识解决实际问题。而在针对性讲解重点、难点知识内容时，教师也可以以微视频的形式，在有限的时间内，引导学生反复进行知识的学习，揣摩、分析、实践。最后，教师还可以在已有线上英语课堂教学基础前提下，引进任务驱动教学法、翻转课堂、分层教学法、网络直播、项目教学法、头脑风暴教学法等多个教学方法与模式，在选择的过程中，可以按照课堂教学需求和要求，结合教学目的进行针对性选择。

3. 构建实践平台，提升学生能力

推动展开大学英语教学，为了更好地提高教学效果，教师必须充分尊重学生的共性以及差异性，在全方位扩展英语课堂教学的过程中，为学生创建适合其多元化发展的多媒体网络英语时间平台。并且在平台内部应该积极推送与英语专业有关的、与学生日后从岗位有关的对应信息，其目的就是结合具体的实践活动案例，以学生需求角度发布具有价值性的英语实践任务。在此过程中，教师可以结合小组为单位展开教学活动，积极推行线上与线下相结合的教学模式，获取混合式教学成效。同时，在多媒体网络英语实践平台中，可以，相应的加设英语线上培训模块，巧妙应用大数据技术分析学生综合情况，并根据学生就业需求以及专业发展走向针对性开设培训项目，为学生提供更多的自主选择权，也为学生与教师和同学之间进行有效探讨提供便利。除此之外，教师还可以在平台首页推送最新的英语话题，按照学生兴趣话题内容，由系统自动捕捉并推送有价值的英语话题内容，从而促使学生在平台内展开深度的探讨与交流。或者教师可以引导学生利用多媒体平台优势，其他英语爱好者和学者展开交流，利用其有效经验以及权威力量，针对性解决当前难题。最后，也可以结合英语教学整体规划视角，借助网络平台开展综合性英语实践教学活动。比如：口语翻译比赛、英语歌曲演唱、英语作文大赛、英语话剧表演等活动形式，让学生在具有竞争意味的比赛过程中能够更好地内化、转化英语知识与英语方法。高校也可以选择与区域范围内优秀的企业展开良好合作、长期合作，尽可能为学生争取与英语有关的岗位实习机会和实训机会，然后借助多媒体平台方式针对学生实习与实训成果进行实时考核，整个过程中，教师英语企业内优秀的人员共同指导学生，以便学生在完成实习或实训后能够积累到更为丰富的学习经验与实践经验。

二、交互式教学模式

（一）交互式教学模式的概念

交互式教学这一概念自出现以来就受到，国内外专家的层层解读，但对于它的概念并未形成统一的说法，加之信息技术和现代教育技术的发展，交互式教学模式的应用范围也在进一步扩大，对它的定义更是"百家争鸣""百花齐放"尽管学术界对交互式教学模式的解释存在差别，但核心理念却是一致的。交互式教学模式是在教学主体、教学环境之间形成立体的交互关系，然后三者在整个教学过程中相互作用、相互影响，最后形成一个教学有机整体。

在课堂教学过程中，教师首先为学生架起"支架"，"支架"是指教师在了解学生现有水平的基础上，为之建构起的"构架"，学生在学习过程中借助这种"构架"能够更好更快地理解所学内容，然后组织、引导学生与自己、学生与学生交相互动。交互式教学模式作为一种新兴的线上教学模式，不再把教师置于教学活动的中心位置，而是把学习者视为课堂教学活动的主要角色，强调以学生为中心，同时发挥教师在教学过程中的主导作用，教师在教学活动中应设法调动课堂参与者的积极性，从而达到更好的教学效果。

综合以上内容，交互式教学模式是以学生为中心，保障学生主体地位，发挥教师主导作用，实现教师与学生、学生与学生的双向交流与互动的教学模式。简言之，交互式教学模式就是以师生、生生互动为桥梁，使现代课堂教学中的教师、学生、教材、媒体、网络几大要素之间进行立体的信息交流和传递的教学模式。

（二）交互式教学模式的类型

交互式教学模式强调教学过程中课堂参与者与教学媒介之间的交流互动，使学生在交互中获取语言知识、培养语言技能。交互式教学模式从交互主体、交互内容和实现方式三个角度可以分为不同的类型。

1. 交互主体角度

（1）学习资源—教学平台的交互。教学平台是学习资源得以展示的平台，也是学习资源可视化、可利用化的重要载体。二者的交互使最终的教学行为得以实现，为学习者提供了内容充实、形式多样的学习新形式。

（2）教师—教学平台、学习资源的交互。对于教师来说，教学平台和学习资源是设计交互教学活动的主要依托。教师与二者的交互主要体现在教师搜集、整合和运用学习资源，并将这些资源有选择性地通过教学平台展现出来，向学习者传递知识、技巧等。

（3）学生—教学平台、学习资源的交互。对于学生来说，教学平台和学习资源是自身获得知识、训练口语技能的主要渠道，而二者也为学生提供了不同层级、不同形式的交互活动。

（4）教师—学生的交互。师生交互是交互教学模式中很重要的一种方式。与传统课堂相比，交互式教学模式中，师生交互主要是通过学习资源和教学平台的各项功能实现的。

（5）学生—学生的交互。与面对面进行生生互动不同的是，网络条件下的生生互动通过建立在线讨论分组、学习论坛、网上学习社区等方式实现。在这些互动活动中，学习者不光要依靠自己的能力，更重要的是寻找交互同伴，共同协商、合作完成交互活动。

（6）学生的自我交互。这种交互方式是建立在与学习资源、教学平台、教师和其他学习者等之上的一种深层次交互。自我交互的核心在于学习者本身对知识的自我构建、自我提高以及自我反思的过程。

2. 交互内容角度

根据交互的内容进行分类，可分为教学交互与情感交互两个部分。教学交互行为不外乎上述基于主体的六种交互，而情感交互就隐藏在其中，且是最容易忽视的那一部分。由于交互教学不仅容易使师生产生时空距离，而且还容易产生心理距离和精神距离，所以，基于交互式教学模式的教学提倡关注教学过程中的情感交互。在交互活动中，借助动态、立体的多媒体教学资源以及教学平台的个性化功能，为学习者营造团体学习氛围，加强师生、生生之间的情感体验，让师生在交流过程中，找到学习的乐趣和归属感。教师在设计口语交互活动时，要将"共情"意识和理念运用到其中，主动拉近与学生的距离，促使学生更好地学习，以达到更为理想的教学效果。

3. 实现方式角度

基于实现方向角度的交互活动类型主要包括操作式交互、反思式交互、建构式交互和浸入式交互。

(1) 操作式交互。学生与教师进行互动交流，在教师的指导下选择某一部分作为将要学习的内容。在具体学习实践中学生可以根据自己的需要查找学习资料、播放教师提供的相关音频、视频等，也可以通过线上教学平台和教师互动交流，寻求教师的指导和帮助。操作式交互以学生为中心，充分发挥其自主性，有利于提高课堂教学效率。

(2) 反思式交互。学生学习一定知识后要在消化理解的基础上进行反思和总结，可以在教师指导下进行，也可以在与其他学生的交流互动中汲取经验、检查所学内容，进行再加工。例如，通过反思式交互进行练习、注释等。

(3) 建构式交互。学生基于已完成的学习任务，主动对头脑中存储的学习资源进行再加工，在此过程中可以与其他学生交流自己的学习成果，也可以相互查询信息、下载和上传学习资源等。教师对学生进行测试后，要按成绩进行排序，并与学生交流互动做出点评。

(4) 浸入式交互。学习者在教师营造的学习情境中实现自身知识的迁移。学生在参与的时候浸入特定的情境中，从而完成认知过程。

(三) 交互式教学模式的原则

交互式教学强调教师是学生的帮助者、协作者，在教学交互的过程中，需要两个或多个因素一起参与、协调并合作来完成交互活动或交互任务。

1. 教师控制与自主控制相结合的原则

交互式教学模式强调学生是语言学习的主体，是知识建构的主体。教师要努力脱掉"全能控制者"的外套，把课堂还给学生，成为学生的指导者、协助者、管理者等。教师要避免"满堂灌"，让学生拥有自主学习、独立学习的机会。

学生应该在特定的学习环境、交互活动中，在教师帮助的情况下自主规划学习、参与学习以及获得知识，而不是在教师的"追赶"下被迫进行学习。在交互式课堂中，尤其是网络直播的学习环境下，学生要尽可能把握住一切学习资源，利用网络的交互，充分调动自己的学习积极性，主动参与课堂活动，实现多维交互，并且这种交互是积极的、主动的，同时也是快乐的。

交互式教学模式强调以学生为中心，教师设法调动课堂参与者、教学资源以及教学平台之间的交流互动，激发学生学习的兴趣与积极性，培养学生自主学习的意识。在教学互动过程中要将教师控制、在有教师指导下的学习者自主控制、学习者自主控制结合起来。在学习者学习之前教师对其进行指导、点拨，这是教师控制的表现之一，另外还体现在具体学习过程中对学习时间、学习步骤、练习、测试等的要求。

在教师指导下的学习者自主控制可以帮助学生发现适合自己的语言知识学习方法。不同的教学对象其学习水平、学习习惯等也存在差异，教学内容、教学目标发生变化时对学生的要求也在改变，因此要给学习者一些自主选择的权利，同时教师也要根据学生对所学知识的掌握情况做出合理化的评价，给予其准确、及时的反馈，调动学生学习的积极性和创造性，激发其学习的兴趣。

创造公平、平等、和谐的教学氛围是所有教学工作者的目标和追求，交互式教学模式对这一点更是有所强调。学生主体地位的确立，以及自主性的发挥，使教师和学生在"教—学"的天平上呈现出相对平衡的状态。平等的师生关系更加有利于促进学生的学习，提高学生学习的兴趣。

2. 知识传授与技能训练相结合的原则

英语教学的目标是在学生掌握相关知识，拥有一定言语技能的基础上引导其进行交际，从而培养学生正确使用语言进行交际的能力，因此教学不仅包括对知识的讲解，而且还需要对语言技能进行训练。学习者可以通过教师的讲授获得客观知识，而技能的掌握则需要训练，线上教学同样应该遵循"精讲多练"的原则。

基于交互式教学模式进行线上教学交互活动设计时也应该涉及讲和练两个方面，交流互动不仅可以促进学生对知识的理解，而且也可以为学生的技能训练服务。尤其是在初级阶段，学生学习的主要是记忆性和程序性的知识，通过设计反思式交互活动，结合刺激反应的方法能帮助学生掌握知识。总之，要将知识传授与技能训练相结合，在二者的相互促进中达到更好的学习效果。

3. 提供语言材料与创设训练环境相结合的原则

第二语言学习过程中，学习者需要接触丰富的语言材料。基于交互式教学模式，可以利用现代化技术手段为学生提供丰富多样的教学资源，如图片、动画、音频、视频等。这种直观的教学手段可以加深他们对学习内容的印象，提高其学习的积极性，教师也可以把这些教学资源应用到学生的语言技能训练中，促进其听、说、读、写技能的提高。

当然在提供大量语言材料的同时也要注意对其进行整合，避免大量资源的简单堆砌，合理地整合有利于学习者的检索和使用。除了语言材料，语言环境对语言习得的效果也有很大的影响。基于交互式教学模式的交互活动设计也可利用现代化技术手段为学生创设语言训练环境，在真实的交际情境中进行语言的操练，利用图片、视频、音频等教学资源丰富训练类型，提高学生关注度的同时也激发了其学习的兴趣。基于交互式教学模式，将提供语言材料与创设训练环境相结合是提高英语教学效果的有效手段。

4. 交互数量与交互质量相结合的原则

基于交互式教学模式的线上教学借助网络和现代化技术手段可以在教学过程中为学生提供大量的交互活动，但是交互活动数量增多的同时也要注意交互的质量。在设计线上教学交互活动时，首先要符合英语教学的普遍规律，其次要注意教学对象的特征和学生学习阶段的特征，在此基础上还要体现一定的教学方法和模式。要想提高教学效率，进行有价值、有意义的交互就必须在确保交互质量的基础上来增加交互的数量，因此交互式教学模式要兼顾交互的数量与交互的质量，使其保持在相对平衡的状态。

第三章 大学英语教学模式的构建与创新

第一节 多维度视角下的大学英语教学模式

一、整体化教学法在大学英语课堂教学中的应用

（一）导读

导读就如同那种介绍背景、人物故事情节以至高潮的电影预告节目，能使学生对阅读的内容进行预先的了解，从而提高理解能力。在大学英语教学中，必须注意它的文学性。在导读中对课文的文学作品的作者、背景及人物传记等应该用英语向学生进行概括的介绍。教师要不失时机地介绍他们的生平和所选课文的背景知识，这样，既扩充了学生的知识，又为学生提供了有益的材料。在此基础上，让学生听录音，以激发学生的阅读欲望，提高他们的能力。知识是能力的基础，一个人的知识越丰富，他的思维就越活跃，创造能力就越强，阅读能力也会得到相应的提高，反之亦然。

（二）阅读

教师的责任在于组织学生的认识活动，提高学生的自学能力。我们在教学中不仅要给学生以"面包"，更要给学生以"猎枪"。对于语言来说，形为意先，意为形用。我们在教每篇课文时，都应该经历一个先泛后精的过程，制定阅读目标，利用一课时让学生通读全文，指导他们哪些要略读，怎样猜测词义，怎样找出主题句、过渡句、等等。迅速正确地理解段落是培养学生阅读能力的要求，在教学中引导学生用英语找出段落大意，这是培养学生分析和概括能力的有效途径。在整体教学实践中，我们可以采用四步教学法：即指导好课前课文预习；反复阅读整篇课文，逐步加深理解课文的内容；学习课文的语言结构；运用课文的语言结构。这四个步骤是一个整体，相辅相成，抓住整体求侧面。

（三）叙述

1. 模仿叙述

任何创造均始于模仿，模仿叙述是创造叙述的准备。通过叙述，有助于学生理解课文、丰富词汇和提高口头表达能力。

2. 创造叙述

创造叙述是叙述的高级阶段。引导学生在叙述中联想，在叙述中创造，启发学生突出

作品的关键，发展故事情节。采用的方法有拟人化法、改换体裁法、分配角色法、变换人称法、综合法等。

（四）讲评

英语学习是实践——认识——再实践的过程。因此，课外作业布置和批改是教学中的一个重要环节。教师在批改和讲评的过程中，必须遵循教师的主导作用和学生的积极性相结合的原则。我们在作业的过程中，启发学生发现问题、提出问题，鼓励他们开动脑筋，自己解决问题。教师抓住提示、疏导、设疑、解疑这四个环节，发动学生自己改错，自获结论，从而逐步减少教师对学生学习的掌控。学生的作业全由教师收来"精批细改"并无多大益处，而是应该采取师生结合批改的方法。我们可采取学生自改、学生互改、教师评改、共同讨论这四个步骤，对学生的错误进行分析，经过错误识别、错误释义和错误解释三个过程，创造轻松的氛围，开阔学生的思路，巩固其所学知识。教师在批改作业中应该养成这样一个习惯：罗列学生的错误，归纳错误类型，然后展示给学生，引导学生自己纠错。改错法是贯彻发现法的一个很好的途径。学生在改错中比较，在比较中鉴别，在鉴别中掌握知识。发现问题是解决问题的前奏。教师在评述作业中让学生自悟，促进知识的内化，这就是教师的主导作用。导读、阅读、叙述和讲评是贯彻整体教学法的四个重要环节。把课文作为一个整体来教，这是符合学校情况的教学方式，我们通过符合学情的教学方式进行系统的掌控，可以取得最优的教学活动效率。

二、美学视角下的大学英语教学模式

在求知的路上阅读哲学书籍，有利于思想体系的丰富、完整。作为哲学领域一个分支的美学，也理应受到我们的关注。如果利用得当，美学就会对英语教学起到不可估量的作用。文本是指与读者发生接触关系前的自在状态，是属于作者的东西，具有意义势能；在审美主体与作品发生鉴赏关系后，作品已由作者创造的对象，变成了由鉴赏者继续创造的对象，作品的意义势能已经转变为动能而做功。在大学英语教学中，我们不能要求学生做这样的纯美学的鉴赏主体，对文本的基础意义决不能断章取义。

（一）英语教学与美学在理论上的结合

1. 师生互为审美主客体，英语为双方共同的审美客体

人类的审美活动是人类一切活动中最基本的活动之一，对美的追求是人类的一种永恒追求。人类对世界的改造，也总是按美的规律来进行的，而且这种改造活动总是从不自觉走向自觉的。大学英语课堂教学，实际上也是一种人们改造世界的实践活动。教师通过传授英语知识，使学生们从初步掌握再到灵活运用，再到用之于社会、改造社会的目的。这种实践活动是一种漫长而又艰苦的过程，经常伴随着失望与挫折。若再加上大学英语教学课堂的枯燥无味，师生不善于发现英语语言中的美的规律，英语的教与学势必成为为教而教、为学而学的负累。

审美主体，指审美行为的承担者，它是精神活动、情感活动、自由生命活动的主体；

审美客体，就是具有审美价值，能满足主体审美需要的客体。在大学英语教学中，教师与学生互为审美主客体，英语作为课堂上的目的性语言成为师生共同的审美客体。在课堂上，如果教师把一堂课讲得错落有致、酣畅淋漓，那么不仅达到了教学目的，完成了教学要求，还会让学生欣赏到教师的讲课风采，领略到英语本身的魅力，激发其对英语的兴趣，那么，我们就可以说这位教师真正懂得讲课艺术，而且也理解英语教学中美的规律。同样，若学生很快领会教师的意图，与教师积极认真地配合，则此时教师就可作为审美主体，来欣赏学生在学习和运用语言时所发挥出的创造性的美。

当我们说某物是美的，这就意味着我们对该物抱有一种肯定性的态度和情感，而这种态度和情感则是同该物对我们的身心具有一种能引起愉悦感的作用相联系的。英语，作为英语课堂上师生共同的审美客体，自然有它本身的合目的性和合规律性。首先，随着全球经济一体化的加速发展，作为公认的、共同的语言交际工具的英语受到各国的广泛重视，各种频繁的文化、技术交流要求人们在尽量不使用翻译的情况下能直接熟练地运用英语进行对话、谈判、信函等往来。因而，英语对于我国大学生来说，已成为将来进入社会的必备的谋生手段之一。所以，英语是符合社会发展需要、满足广大青年学生参与改造社会的愿望的，它是"合目的性"的；其次，美学中的"合规律性"是指事物属性因素的有规律组合，如整齐一律、调和对比、均衡对称、比例匀称等。熟悉语言学的人们都知道英语语言学包括音韵学、音位学、语义学、修辞学等，专门研究英语语音的韵律、词形转换的均衡对称、语法的整齐一律、修辞的多样统一等。这一切表明英语有其内在的规律性。所以说，英语是符合美学规范的，关键在于我们要透过表象挖掘其潜藏的美的规律。

2. 学习话语，培养审美兴趣

形象、生动、凝练、富于音乐性是文学话语的普遍特点。人们一般把话语分为普通话语和文学话语。普通话语是外指的，即指向语言符号以外的世界，普通话语必须符合生活逻辑，经得起客观真理的检验；而文学话语则是内指的，即指向文本中的艺术世界，有时它可不必完全符合生活逻辑，只要与整个艺术世界氛围相统一就可以了。杜甫的"感时花溅泪，恨别鸟惊心"就明显地违背了现实生活逻辑，也正因为这样才成为千古佳句。培养审美兴趣就是要深入体会这些内指话语的蕴涵性，尽量把握其心理内涵。"感时花溅泪，恨别鸟惊心"中的"花"和"鸟"已被伤感、悲戚的心绪所浸染，而"食粮、避风港、船锚"则表现姑娘对心上人的无比信赖和依恋的缠绵情怀。

3. 交际教学法中美学的存在

人类的审美需要，本质上是一种"乐生"的需要，而所谓审美活动，实际上就是一种人通过自身的生命活动而获得快乐的活动。"乐教"之所以为古代教育家特别重视，是因为它不是一种强制性的教育手段，而是一种寓教于乐的、以心灵感化为特征的教育方式。

综观西方英语教学史，在历经语法——翻译法——直接法——听说法等后，交际语言教学法受到普遍关注，近年来在我国此种教学法也颇流行。交际法要求教师知道学习者的需要和兴趣，而且能设想出各种方法去利用这种了解选择语言输入，创造比较现实的练习语言的活动。教师应该比较灵活,能够成功地组织以教师为中心的、有控制的第二语言形式教学,又能组织比较自由的、控制不严格的练习,提高学生的流利程度,还能够创造良好的、互相配合的课堂气氛。

在采用交际法进行英语教学时,如果再有意识地应用美学思想,正确地引导学生发现英语的美,那么,学生们在学习的过程中就会觉得更加轻松与愉悦。这也符合自然教学法中的"情感筛选"原则:情感筛选严格的学习者没有学习动力,使用第二语言时感到紧张与尴尬,所以能够习得的语言输入是很少的;有信心的、热情的学习者,情感筛选不太严格,他们会去寻求尽可能多的语言输入,而且其中的大部分会被吸收。

(二) 英语教学与美学在实践中结合的尝试

1. 在听力训练中欣赏语音美

听力在学习语言过程中是极其重要的。按乔姆斯基的普遍语法说,人类先天就有对语言的感应。那么,这种感应在后天90%是通过听来验证的。小孩子在未出世时通过听周围的说话声便学会了说某种语言,因而,听力在学习英语中的重要性可想而知。英语不像中国的方块字,读起来字字铿锵,掷地有声。它是一种流线型的文字,高低起伏,里面的重音及升降调,时时似峰回路转,又激起千层浪。再加上连读、爆破、弱音等各种语音形式,使得英语听起来颇有余音绕梁、韵味无穷的美妙。多数学生都是为听而听,为了考试过关只求做题准确,非常疲劳。这时,遵循美学原理中人类"乐生""乐教"的审美原则,耐心指导学生,放松心情,揣摩英语特有的韵律,而不盲求准确率与速度,并推荐其他教材。细细品味、体验,并且教学生用听写的方式记录下磁带的内容,标出音调变化。然后,让学生模仿纯正流利的语音语调,读出节奏,读出高低起伏,从而达到在听力训练中愉悦地感受英语语音美的目的。

2. 在课文讲解中展示英语的意蕴美

在美学原理中,主体审美尺度里的形式意蕴尺度指根源于人的社会文化心理结构和作为社会生命体的活动规律,它侧重于形式所蕴含的社会意义。这也正是给学生讲解精泛读课文时的重点所在。因为学习一种语言,不仅要学习它的词汇、读音、语法,更重要的是学习语言形式所承载的社会文化信息,欣赏它展示给学习者的意蕴美。意蕴是指文本所蕴含的思想、情感等深层次的东西,它所表现的内容可以归根于历史、现实社会或哲学范畴。

第二节 大学英语教学模式改革

一、传统英语教学模式

传统模式的大学英语教学束缚了学生学习潜能的发挥,这种模式的特征主要表现在以下几个方面:教学环境和学习环境单调、呆板,教学过程程式化、填鸭式教学现象严重;

以教师为中心；学习成绩与四、六级考试挂钩，侧重阅读，忽视口语；将语言拆分成零散的语法、词汇、惯用语等语言点进行分析、对比；忽视课外学习内容和活动的安排；教师与学生交流沟通少。

由以上的分析不难看出，大学英语教学的各种模式已滞后于现代社会发展的需要，改革势在必行。大学英语教学界对教学模式转轨达成了以下五个方面的共识：

第一，转变教学指导思想，从知识型教学转向技能型教学，由以知识为本转向以技能为本；

第二，确立新型英语教学目标，改革教学效果的评价体系，真正做到以考察交际能力为目的进行教学；

第三，改革教学方法，从重"教"转向重"学"，培养学生良好的学习策略；

第四，教学手段多样化，由"书本+黑板"教学转向多媒体教学；

第五，扩大教学视野，由"语言技能"提升至"跨文化交际"。

二、大学英语教学模式的改革策略

（一）坚持用英语组织教学的模式

大学英语是一门实践性很强的课程，它的特殊性在于英语既是教学的对象，又是教学的手段，它有利于将教师的教直接转化为学生的练。外语教学的目的不是向学生介绍有关外语的知识，而是要培养学生实际运用和驾驭语言的能力。坚持用英语组织教学是精讲多练、学以致用的最佳途径，经常性地输入有利于学生将来的输出。从心理学的角度来看，经常性的复现，是克服遗忘现象最有效的办法。同时，用英语组织教学是英语学习良好的精神风貌和成就感的保障。再者，语言是思维的工具，人类的思维方式、思维过程、思维结果都必然要在语言中反映出来。

（二）教学中心的改革

传统教学模式以教为中心，重视教法，忽视学法，而以学生为中心的教学模式与传统的教学模式则截然相反，它主张挖掘学生自身已掌握的知识和学习经验，使教学内容更加切合实际，也更容易被学生所深切地感知，学生的需要成为一切教学活动的源泉。教师如何引导学生有效地掌握学习策略，充分吸收语言输入，是以学生为中心的教学模式的关键。以学生为中心，学生要担当起输入信息的主要任务，从而保证所学内容的关联性。以学生为中心的大学英语教学模式并不否认教师的主导作用，而是要求他们改变以讲授为主的"满堂灌"的教学模式，从原来的传授者变为身兼多重角色：教师是学生语言实践活动的鼓励者和合作者，教师应积极、真诚地投入到课堂活动中，提出自己的想法和意见，或者根据自己的经历和体会给出一些良好的建议；教师是学习策略的培训者，为学生找到适合个人特点的学习方法；教师给予学生及时的帮助，使教学活动更加有效；教师是整个教学活动成果的检测者，为学生的进步提供必要的反馈，尤其是在语法、测试等活动中，教师的这种作用显得尤为突出和必要。教师的这种主导作用体现在教师的合理引导，而不是保姆式的全程服务。以学生为中心的教学模式的优点是一目了然的,学生的潜力可以得到充分的发挥。教师和学生能够不断地进行需求分析,课程资源可以得到有效的开发,学生在有效的实践中逐步培养英语的交际能力,学生之间互教互学、交流学习经验成为可能。由此可见,良好的师生关系、良好的学风、良好的精神风貌将英语学习导入良性循环。

(三) 文化导入的教学模式

我国的外语教学在很长一段时间内把主要精力集中在语言知识的传授上,而对社会文化因素却视而不见。由于忽视了语言使用与文化因素的相互作用大部分学生尽管语法知识掌握得很好,词汇量也很大,但严重缺乏有效地运用语言进行交际的能力,学生往往把本民族的文化内容盲目地套用到外语交际中去,这种语用失误的例子可以说是俯拾皆是。语言既是信息的载体,又是文化的载体。语言与文化是密不可分的,语言背景、情景、内容都离不开文化,语言交际能力不仅包括语言能力,还包括对社会文化方方面面的了解。教师在传授语言知识的同时,也传递了各方面的文化知识。因而,外语教学是在文化中教语言。文化导入的教学模式旨在通过课堂教学提高、培养学生的语用意识和跨文化意识。在文化导入的教学模式下,语言教学和文化背景知识教学同时并举、相得益彰,教师结合教材内容,有计划、有步骤地向学生介绍英语国家的文化背景知识,这些背景知识涉及政治、经济、历史、地理、教育、文艺、社会制度、生活方式、风土人情、社会传统、民族习俗等方方面面。对于存在文化差异之处,有意选择语用难点进行讨论,让学生有机会比较两种文化的共性和差异,逐渐培养学生对其差异的敏感性。

三、大学英语教学改革的方向与趋势

(一) 重视确立新型的大学英语教学模式

为了适应国家和社会发展需要,我国要创新人才培养模式,创新教育教学方法,倡导启发式、探究式、讨论式、参与式教学,激发学生好奇心,发挥学生主动精神,鼓励学生进行创造性思维,改变单纯灌输式的教育方法。新的教学模式应以现代信息技术,特别是网络技术为支撑,使英语的"教"与"学"可以在一定程度上不受时间和空间的限制,朝着个性化和自主学习的方向发展,改进以教师讲授为主的单一教学模式。这种新的教学模式应体现英语教学的实用性、知识性和趣味性相结合的原则,有利于调动教师和学生双发的积极性,尤其要体现学生在教学过程中的主体地位和教师在教学过程中的主导作用。在充分利用现代信息技术的同时,要合理继承传统教学模式中的优秀部分,发挥传统课堂教学的优势。

由于计算机、多媒体和互联网的普及,可获得的教学资源越来越丰富,现代信息技术在教育教学领域的重要性日益为人们所认识。目前,随着多媒体和互联网技术的迅猛发展,建构主义学习理论与教学理论在西方日渐风行。建构主义学习理论主张以学生为中心,强调学生是信息加工的主体,是知识意义的主动建构者;认为知识不是由教师灌输的,而是由学习者在一定的情境下通过协作、讨论、交流、互助等学习方式,并借助必要的信息资源由学习者主动建构的。在建构主义学习环境下，"探索式""发现式"与"合作式"的学习方式是学生掌握学科内容的基本途径，也是以学生为中心的教学模式中的基本教学形式。由此可见，信息技术与课程整合是改变传统教学模式的一条有效途径，也是目前国际上基础教育改革的趋势与走向。

（二）重视大学英语教材体系的研究和开发

教材是实现英语课程教学目标的重要材料和手段。教材为学生提供的语言材料是学生学习语言知识和发展语言技能的重要来源，教材中的语言实践活动和练习是学习语言知识和发展语言技能的重要手段和途径。选择和使用合适的教材是完成教学内容和实现教学目标的前提条件，高水平、高质量的教材对教师、学生、教学过程和教学结果都起着积极的作用。

目前，随着大学英语教学改革的深入和推进，大学英语教材体系也发生了翻天覆地的变化。英语教材在内容和形式上更新颖、更先进，而丰富多样的教材在推动大学英语课程改革方面发挥了重要作用。与此同时，英语教育界的学者和一线教师对教材的认识也发生了显著的变化。在大学英语改革的过程中，对教材研究重视和感兴趣的学者和教师越来越多。清华大学结合课程的教学，编写和出版了一套适用于本校教学需要的学术英语系列教材。很多高校还通过与相关出版社合作的形式，共同完成对新教材的编写和出版工作。

为了把握机遇、应对挑战，各大高校应该积极开展有关英语教材的编写、评价、选择、使用等方面的理论和实践研究，挖掘自身潜力，为将来能够在英语教材的编写、选择、使用的过程中发挥应有的作用而创造条件。

（三）重视大学英语师资队伍的建设

教师是教育教学改革的重要媒介，是改革成败的关键因素。优秀的英语教师是英语学习环境下培养优秀英语人才的根本条件。只要有了好的教师，课程就可以改革，教法就可以调整，学生就可以快速进步。没有合格的教师，先进的教学理念就无法在执行中有效落实。教师在教学中的重要作用，是由教学的本质决定的。目前，在大学英语教学改革的过程中，各大高校日益重视对英语师资队伍的建设。在聘任制环境下，各高校更加重视教师的专业功底，而不仅仅关注其教学能力和教学技能。同时，也非常重视考查教师的研究能力和团队合作精神，这有利于组建一支高效的教学与科研能力俱佳的师资队伍。在教师管理方面，更加重视对教师教学与科研条件的保障工作和目标验收，注重教师培训和学术交流，不断扩大教师的学术视野，使其紧紧跟上学科发展前沿。此外，还积极鼓励教师申请研究课题，加入由科研骨干牵头的、高水平的研究团队，帮助教师进入各自专业的学术研究领域。

（四）大学英语教学的个性化和特色化日益凸显

传统的大学英语教学已经无法满足新的人才培养目标的需要，因此，必须进行改革。在大学英语教学改革过程中，很多高校在注重保持原来的大学英语教学优良传统的同时，也在努力进行大胆的探索与革新，敢于形成新的特色与优势，以适应培养新型的既精通专业又能熟练运用英语的复合型国际人才。很多高校明确提出，大学英语教学要朝着个性化和特色化的方向发展，这是和各个高校各不相同的高等教育人才培养目标紧密相关的。此外，我国不少实力较强的综合类大学也逐渐形成了具有自身特色的培养模式。这类大学在明确学校人才培养目标的前提下，根据学校特点制定出相应的大学英语培养目标，然后进行一系列相关的配套改革。例如，复旦大学、清华大学、中国政法大学等高校根据自身研究型大学的定位，确定大学英语教学的主要内容是学术英语，将增强国际学术交流能力作为大学英语教学的重要目标，并通过分级教学实现不同层次学生英语能力的提升。目前，仍然有一些综合类大学继续沿袭了传统的大学英语教学培养模式。这种模式的培养目标仍然不明确，英语的课时偏少，课程设置单一。应该说，当前的大学英语教学状况处在一个改革和变化的时期，这个时期各高校的大学英语教学逐渐开始分化和分流，很多高校的大学英语教学逐渐形成了鲜明的特色与个性。

四、大学英语教学模式改革的可选择策略

（一）以教师为中心的教学模式

以教师为中心的教学模式具有一些显著的特点，在这一教学模式中，教师是知识的传授者，是主动的施教者，并且监控整个教学活动的进程；学生是知识传授的对象，是外部刺激的被动接受者；教学媒体是辅助教师教的演示工具；教材是学生唯一的学习内容，是学生知识的主要来源。

这种模式的优点是有利于教师主导作用的发挥，便于教师组织、监控整个教学活动进程，便于师生之间的情感交流，因而有利于系统的科学知识的传授，并能充分考虑情感因素在学习过程中的重要作用。其弊端则是完全由教师主宰课堂，忽视学生的学习主体作用，不利于培养具有创新思维的人才。可以说，这种模式培养出的绝大部分是知识型人才而非创造型人才。

（二）以学生为中心的教学模式

以学生为中心的教学模式是以建构主义理念为基础发展起来的。进入20世纪90年代以后，随着计算机、多媒体和网络技术的日益普及，这一模式得到迅速推广。以学生为中心的教学模式具有以下特点：学生是信息加工的主体，是知识意义的主动建构者；教师是课堂教学的组织者、指导者，是学生建构意义的帮助者、促进者；教学媒体是促进学生自主学习的认知工具；教材不是学生的主要学习内容，学习是以学生为中心的学习，学习的主要目的是满足自身求知的需要，学习者用发现法、探索法等方法进行学习。学习者在整个学习过程中扮演着重要的角色，处于主体地位，而教师在整个学习活动中处于从属地位，起辅助、引导、支撑、激励的作用。同时，建构主义学习观把学习看作是社会性、真实性的学习，学习者如遇到疑难问题或感到迷惑不解的问题，可与其他学习者讨论解决，也可通过请教教师的方法解决。在整个学习过程中，学生都处于与他人的密切联系之中。建构主义理念下的学习重视学习目标的指引和建构，提倡累积性的学习。学习者自己设定

学习目标,在既定的学习目标的指引下将当前的学习内容与先前的学习内容联系起来进行学习,并在对新信息进行加工的同时将其与其他信息相联系,在掌握简单信息的同时理解更为复杂的信息。只有当既定的学习目标得到实现或形成时,学习者的学习行为才被认为是成功的。

第三节 课程建构与大学英语教学模式

一、大学英语口语课程建设

(一)大学英语口语教学目标

1. 大学英语口语能力的构成

跨文化口头交际能力由两个部分组成,即交际能力和跨文化能力。交际能力包括语言能力、语用能力和策略能力。语言能力由语法能力和语篇能力构成。语法能力指交际者在句子层面表现出来的语言水平,而语篇能力指的是交际者在篇章层面上显示出的语言水平。语用能力包括实施语言功能的能力和社会文化语言能力,策略能力由补偿能力和协商能力构成。而跨文化能力有三个组成部分,即对文化差异的敏感性、对文化差异的宽容性和处理文化差异的灵活性。

2. 大学英语口语自主学习能力的培养

教学模式改革成功的一个重要标志,就是学生个性化学习方法的形成和学生自主学习能力的发展,使学生自主选择适合自己需要的课程进行学习,注重培养语言运用能力和自主学习能力。大学英语口语作为公共课,每周两节的口语课时间很难保证学生口语能力达到口语教学的目标,更不用说培养跨文化口头交际能力,因此,大学英语口语教学应重视对口语学习和学生口语自主学习能力的培养。具体地讲,大学英语口语自主学习能力是指学生理解口语教学目标和教学方法,能够确立自己的口语学习目标,能够选择合适的口语学习策略,能够监控自己的口语学习,能够评价自己的口语学习结果。在口语学习过程中,学生能够主动创造环境进行口语训练,有意识地克服口语练习过程中常见的不足。

(二)大学英语口语教学模式与评估方法

1. 大学英语口语教学模式

(1)从控制练习过渡到自由会话的模式。会话必须是思想、信息、感情的有意义的口头交流。在会话课上,一种活动是教师主宰一切,学生从课本或录音中吸取语言,并在教师指导下重复这些语言或进行操练;另一种活动则是由学生利用自己已掌握的语言表达思想,在教室里和其他同学自由地进行会话。无论训练多么简单的口语项目,最终都可以,也应该和"交际"联系在一起。在口语教学中,一些教师往往偏重机械性的训练,忽视给学生创造自由会话的机会,这不利于学生自由会话能力的培养。对于初级口语学习者,教师可多进行控制性练习,少一些自由会话训练。

（2）投入——运用——学习模式。口语活动非常典型地遵循了同样的模式：投入——运用——学习，即教师使学生对一个话题产生兴趣，然后让学生完成任务，教师通过观察，发现学生在完成任务中存在的问题，最后让学生进行学习。原因在于：①口语任务给学生提供练习的机会，使学生得到用英语进行交际的真实感受；②口语给教师和学生提供了信息反馈；③口语任务的趣味性有助于激发学生的投入，都应注意多样性和趣味性。每一次口语课都应该有新的话题，或同一话题的不同角度，口语活动模式如会话、分组讨论、讲故事、角色扮演、看图说话、问答等，应交替使用。

2. 大学英语口语评估方式

（1）形成性评估。形成性评估强调学习的过程，旨在保障教学目标的更好实现。除了评价技能、知识等要素外，这种方式更适合评价态度、兴趣、策略、合作精神等不可量化的因素，评估结果多为等级加评语的形式。形成性评估通常在友好、非正式、开放、宽松的环境中进行，该评价手段是一种低焦虑的新型学习模式。形成性评价突出课程评价的公正性、多样性和综合性。多元化的评价方法不仅可以有效保证课堂教学效果，而且也可以充分调动学生开口说英语的主动性和积极性。

（2）终结性评估。大学英语口语教学中的终结性评估主要指大学英语口语期末口试，期末口试可采用交际法口语测试。在交际法口语测试模式下，设计的测试任务应该具有目的性、趣味性和启发性，对口语教学有着积极的反拨作用。交际法口语测试以互动性为重要特征，输出在某种程度上应具有不可预测性。

（三）大学英语口语课程建设中要注意的问题

1. 大学英语口语课程设置和教材问题

口语教材是口语课程建设的重要组成部分，选择和使用合适的教材是完成教学内容和实现教学目标的重要前提条件。指定的教材可以给学生提供一定的素材，便于学生积累，也便于教师教学。口语教学中使用固定的教材，可以保证教学的系统性和完整性，但如果选用的教材过于偏重机械性操练，一味地让学生跟读，教师上课只是照本宣科，则难免会使课堂变得枯燥乏味。那么，怎样评价口语教材是否合适呢？系统的教材评价分为内部评价和外部评价。教材的内部评价包括以下几个方面：评价教材的教学指导思想，这里的教学思想包括对语言的认识、对语言学习的认识以及对语言教学的认识；评价教材采用的教学方法。俗话说，教无定法。英语教学方法没有绝对正确的和错误的。当前，普遍强调以学生为主体的教学方法、培养交际能力的教学方法与任务式学习的教学方法；评价教材内容的选择和安排，评价教学内容的最根本依据应该是教材使用对象的需要；评价教材的组成部分，现代的英语教材是教师用书、录像带、多媒体光盘等组成的立体教材；评价教材的设计包括教材的媒介形式、篇幅长短、版面安排、开本大小、图文形式和色彩等；评价教材中语言素材的真实性和地道性。教材涉及的语言现象应该是真实、地道的。教材的外部评价则包括：教材是否符合学生的学习需要；教材是否符合教师的教学需要；教材是否符合课程标准的要求。

2. 大学英语口语教学中的教师角色问题

（1）组织设计者。充分利用多媒体和网络的作用，通过课堂活动的有效设计把学生纳入口语教学活动中。

（2）评论诊断者。教师了解并研究语言学习者的个人差异，敏感地捕捉到学生在各个阶段所遇到的困难和问题，做出及时的评论和诊断，进而设计新的教学手段予以解决。

（3）中介者。一是语言技能和学生之间的中介，二是学习者之间的中介。

（4）控制者。监控和管理学生活动，纠正学生学习中的偏差。

口语教师要胜任以上角色，需要提高自己的口语能力和口语教学能力。教师本身的口语能力包括课堂口语能力和口语实际交际能力。口语教学能力涉及教师对各种口语教学理论和方法的认知度，对不同教学方法的适应性和有效性的了解，以及在课堂上灵活使用不同口语教学方法的能力。总之，口语教师首先应有良好的口语表达能力，其次应有良好的课堂组织能力，还应在课堂上具有激情和耐心，以培养学生开口说英语的欲望。在具体的操作中，每位教师都应发挥自己所长，结合课本与学生的实际情况，设计出有益于加强学生语言能力的课堂教学活动。口语教师应该明确一堂课的训练任务，选择口语活动的方式，讲解练习的要点，以确保学生积极参加活动并有足够的练习机会。

3. 口语教学中思维能力的培养问题

第一，设计的口语活动一定要对学生的思维水平具有挑战性。口语课，既有训练语言技能的要求，也有培养思维能力的要求，应该让学生表达对某些有争议性的问题的看法，最好让他们从全新的角度进行思考，以开阔其思路。第二，设计培养归纳和抽象能力的活动。第三，设计培养辩证逻辑思维能力的活动。第四，设计培养创造性思维能力的活动。

学生要表达自己的思想，归根结底就必须提高语言能力。口语教学的形式可以多样，但语言的积累和运用，还有待于个体的自觉和参与。如果认为随便说说就能提高口语水平的话，是很难取得进步的。提高口语是一个不断积累、反复练习、反复使用的过程。大学英语口语课程建设除了关注教学目标、教学理论、教学模式、评估方式外，大学英语口语教材和师资队伍建设也不容忽视。好的口语教材为教师课堂教学和学生课外学习提供参考，能够培养学生的口头交际能力。口语教师是大学英语口语课程建设能否成功的关键所在，在口语教学大纲设计、口语教材的选择和灵活使用、口语课堂活动的组织和实施、口语评估等方面起着十分关键的作用。

二、大学英语课程资源建设

(一) 课程资源的内涵及其分类

课程资源是相对于课程的一个概念。课程是按照一定的教育目的，在教育者有计划、有组织的指导下，受教育者与教育情境相互作用而获得有益于身心发展的全部内容。提到课程资源，人们会联想到学习资源、教学资源和

教育资源。学习资源是指在教学系统和学习系统中，学习者在学习过程中可以利用的

一切显现的或潜隐的条件。教育资源是人类的社会资源之一，它包括自从教育活动出现以来，在长期的文明进化和教育实践中所创造和积累的教育经验、教育知识、教育技能、教育资产、教育费用、教育品牌、教育制度、教育理念、教育人格、教育设施以及教育领域内外人际关系的总和。可以把大学英语课程资源定义为：大学英语这门课程设计、实施、检验、评价等整个课程编制过程中可利用的、富有教育价值的人力、物力和自然资源的总和，包括教材以及学校、家庭和社会中所有有助于提高学生素质的各种资源。

按照空间标准分类的校内课程资源指学校内部的课程资源，如图书馆自主学习中心这样的场所和设施资源，教师、学生、校园文明建设这样的人文资源，第二课堂活动、座谈讨论这些与教学活动密切相关的活动资源；校外课程资源主要指学生家庭、社区乃至整个社会中能够用于教育教学活动的设施和条件，以及丰富的自然资源。校内课程资源是课程资源开发和利用的基础，是校外课程资源开发和利用的先决条件。校内和校外课程资源这种课程资源二分法随着互联网的出现遇到了问题。那些海量的网络信息既不能归为校内课程资源，也无法划归到校外课程资源中，只好将它单列于此。

按照存在形式划分的显性课程资源是指那些看得见、摸得着的课程资源，如大学英语教学光盘、图书馆、语音实验室；隐性课程资源是指以潜在的方式服务于教育教学活动的课程教学资源，如奋发向上的和谐的学习氛围、校风校纪等。显性课程资源易于开发和利用，对教育教学活动的影响很直接，而隐性课程资源的开发和利用需要一定的周期和付出较大的时间、精力，对教育教学活动的影响也较为间接。

按照属性划分，课程资源首先分为物质的课程资源和非物质的课程资源两大类。物质的课程资源包括人力课程资源和物力课程资源，非物质的课程资源分为知识课程资源和思想课程资源。人思想课程资源指一切可能参与教育教学活动的，影响课程活动的各类人员所具有的全部思想；知识课程资源指在设计课程时，可供选择的知识总数。

按照功能划分的素材性课程资源包括知识、技能、经验、活动方式与方法、情感态度和价值观以及培养目标等方面的因素，而条件性课程资源则包括直接决定课程实施范围和水平的人力、物力和财力，时间、场地、媒介、设施和环境以及对于课程的认识状况等因素。

(二) 大学英语课程资源建设的意义

1. 有利于促进教师教育观念的更新

广义的课程资源概念带来了全新的课程理念，教材不再是整个教学活动的中心，教师对学生的评价也不再以学生是否掌握了教材内容为依据。全新的教学模式和评价标准不管对教师还是学生而言，都是一种挑战。对教师而言，整个教学设计过程和实施都围绕教学活动是否有助于课程目标的完成，除了关注是否完成了教材上的教学内容外，更要思考如何高效开发大学英语课程资源，培养学生的自主学习能力，引导学生完成课程目标。

2. 有利于教师专业成长

受到新课程资源观熏陶的大学英语教师，不会再日复一日地重复使用相同的教材、教案和教学课件，他们会紧跟时代发展的要求，更新自己的知识结构，不断地对教学内容、教学活动设计、课堂组织模式、课堂评价方式等进行反思,以改进自己的教学。同时,大学英语课程教学资源的不断丰富,使得学生的自主学习成为可能,兴趣和爱好不仅驱动着他们对教材进行深度加工,而且不断拓展自己的知识面,将课堂上所学到的知识应用于实践之中,使得自己的英语语言应用能力得到迅速提高。

3. 有利于提高学生的综合素质

传统的大学英语教材旨在帮助学生加强英语基本功建设,不管是文章的体裁、选材的主题、选材的长度,还是课文的难度,都是面向大众化学生,没有关注学校与学校间学生的英语水平差异、同一学校间学生的专业差异、学生个体的学习需求等因素。丰富的、个性化的课程资源的开发和利用不但是对原有教材内容的补充,也构成了第二课堂,与第一课堂开展联动,形成了良好的学习氛围,拓宽了学生的视野,激发了学生的学习兴趣,最终促进学生思想、品德、行为、知识、能力、人格等的全面发展。

4. 有利于大学英语课程开发

大学英语课程资源种类繁多,形式多样,在开发和利用过程中必须进行有序化管理。同时,系统的大学英语课程资源建设工作量大,不是一两天就能完成的,短则几个星期,长则一两年。教师们的付出不但能提高教学质量,随着时间的推移,还会使他们产生浓厚的兴趣,不断地去深化这项工作,最终积累的资料越来越多,到了一定的程度,这些课程资源经过整理、加工、补充和完善,就形成一门新的公共选修课程的雏形。

5. 有利于培养学生自主学习能力

大学英语课程资源的开发与利用,主要以课程目标的达成为根本出发点,以学生身心的完整、和谐发展为终极目的。传统的教学将学生局限在课堂这一特定的场所,课程资源以教材为主,没有充分激发学生的学习积极性、主动性和创造性。在新课程资源观下的大学英语学习模式中,学生学习的时空范围得以扩展,可随意选择丰富多彩、形声兼备、图文并茂的课程资源。学生成了学习的主体,他们自己决定英语学习的内容、时间、场所、进度、节奏以及学习质量的监控。

6. 有利于形成性评估的规范

检查课程建设是否达到预期目标需要依靠评估。因此,对课程进行全面、客观、科学和准确的评估对实现课程目标至关重要。它既是教师获取教学反馈信息、改进教学管理、保证教学质量的重要依据,又是学生调整学习策略、改进学习方法、提高学习效率的有效手段。长期以来,大学英语课程教学评估主要依靠终结性评估,注重结果;而较少关注形成性评估,忽视学习过程。《大学英语课程教学要求》明确提出要求,要加重形成性评估在大学英语课程评价中的分量。新的大学英语课程资源观不但改变了学生的学习模式,还更新了大学英语教师和相关管理部门的教育观念,通过课堂活动和课外活动记录、网上自学记录、学习档案记录、访谈和座谈等形式对学生学习过程进行观察、评估和监督,为形成性评估的实施打下了坚实的基础。

(三) 大学英语课程资源建设的策略

1. 教材取向的课程资源建设策略

目前，出版大学英语通用教材的一般都是国内知名出版社，像高等教育出版社、英语教学与研究出版社、上海英语教育出版社、清华大学出版社、复旦大学出版社。这些出版社具有多年的大学英语通用教材的出版经验，拥有强大的教材编写队伍，除了推出纸质版学生教材外，还推出了配套的教师用书、学生练习册及答案、教师教学光盘，可以说对教师教学帮助极大。由于这些通用教材面向全国学生发行，不可能适合于所有学校的所有学生，因此，尽管这些知名出版社推出的教材本身已是经过筛选的课程资源，但是教师在实施教学前还要充分调研本校学生的英语水平、学习动机、学习策略、学习方式、学习目标、学习计划，在此基础上对教材进行二次加工，透彻把握教材的重点、难点，将教材内容变成有利于学生发展的教学内容，寻找书本知识与现实生活和学生水平之间的联系，使教材的价值在教师的创造性使用过程中得到体现。

2. 学生取向的课程资源建设策略

（1）关注学生的"知识类资源"。教学实践证明要基于学生的实际水平开展教学，强调学生的现有水平在知识摄取中的作用。教师设计的教学目标、选择的教学内容、安排的教学活动、实施的教学方法、采取的教学评估手段都要以学生的真实水平为基础，采用适当拔高的原则，确保学生努力就会实现学习目标，而不是一次次令学生遭受失去学习英语兴趣的挫折。为了辅助这样的教学，教师就得开发出相应的课程教学资源，帮助学生构建和完善自己的知识体系。

（2）关注学生的"情绪类资源"。学生的情绪类资源是学生学习的动力系统，主要包括学生学习的兴趣爱好、动机、态度、信心、情感、焦虑、个性、习惯等。这些非智力因素虽然不直接参与知识的认知和建构，但它们对学习活动有着启动、导向、维持和强化的作用，极大地影响着学习活动的效果。课程资源建设的目标之一是让学生在学习过程中体验到成功，增强学生学好英语的信心，激发他们继续学习的积极性。

（3）关注学生的"问题类资源"。教学以学生获取知识和技能为目的，在实现这一目的的过程中，师生不断重复着"引发问题——提出问题——解决问题——引发新问题——提出新问题——解决新问题"这一循环，那些好奇心大、求知欲强的学生不但加快了自己积累知识、强化技能的步伐，还通过提问扩大了教师的教学内容，使其去重新组织教学活动。这些问题是课程资源开发的源泉，解决对策是教学经验的积累和创新思维的结晶。问题与解决对策强化了师生互动，加深了师生对文本的理解。

（4）关注学生的"差异类资源"。不管是提倡人们要和谐相处，还是主张学习英语的氛围要融洽，突出的都是一个字：同。但是，也不排斥"异"。因为"同"是发展的基础，"异"是发展的动力。学校学生众多，他们的生源地、家庭背景、社会阅历、英语学习的时长等都有较大的差异。为了消除这些差异，学生们相互讨论。在这样的思想交锋过程中，学生丰富和发展了自我认知，使自己越来越成熟，考虑问题的角度越来越全面，也学会了换位思考，增进了与人相处的技能。

3. 教学过程取向的课程资源建设策略

教学活动是教师根据一定的社会要求和学生身心发展的特点，借助一定的教学条件，指导学生主要通过认识教学内容从而认识客观世界，并在此基础之上发展自身的过程。教学过程是一种特殊的认识过程，也是一个促进学生身心发展的过程。在教学过程中，教师有目的、有计划地引导学生能动地进行认识活动，学生培养自己的志趣和情感，循序渐进地掌握文化科学知识和基本技能，以促进自身智力、体力、品德、审美情趣等方面的综合发展。具体的教学过程包括课前、课中和课后。

课前，教师备课时，要充分研究教材，根据教材确定每个课时的教学目标和准备采用的教学模式、评价方式等。在准备过程中，教师不能全凭经验，必须查阅大量的材料，寻找大量的辅助材料，对教材进行扩展，以帮助学生深度理解课文内容。同时，要充分挖掘学生潜力，发挥学生自主学习能力，教师还必须增加与主题相关的、难度适中、阅读性强的扩展材料，供学生在课后学习，以开阔他们的视野。教师精心准备的教学内容是否会被学生接受，接受多少；在教师营造的教学环境里，师生互动、生生互动、学生与教学材料互动的情况如何，这些都是课堂教学生成的动态性课程资源。课后，学生要进行大量的语言实践练习，以巩固课堂教学内容。

（四）大学英语课程资源建设的原则

1. "以学生为中心"原则

所有大学英语课程资源的建设都是围绕学生的英语学习动机和兴趣而开展的，为学生创造良好的学习氛围，为学生学好英语铺路搭桥。因此，不管是资源建设的决策和规划阶段，还是实施、检查和改进阶段，都要以学生的实际需求为出发点，不但要关注他们的知识类资源，还要关注他们的情绪类资源、问题类资源、错误类资源、差异类资源和兴趣类资源，尽可能地让他们成为学习的绝对中心，成为知识意义的主动建构者。要确保教材所提供的知识不再是教师传授的内容，而是学生主动建构意义的对象；媒体也不再是帮助教师传授知识的手段与方法，而是用来创设情境、进行协作学习和会话交流，即作为学生主动学习、协作式探索的认知工具。

2. 开放性原则

大学英语课程资源建设是一项长期的、系统的积累工作，随着教学改革的不断深入、社会的不断进步和教师的专业化发展，已有的课程资源得到更新，新的课程资源得以加入，确保了课程的正常运转。在资源建设过程中，建设者要以开放的心态对待人类创造的所有文明成果，以开放的目光审视周围的事物。开放性原则包括类型的开放性和空间的开放性。类型的开放性指不管课程资源以什么类型存在，只要有利于教育教学，都可以加以开发利用；空间的开放性指课程资源的地域性差异，不管它们是校内或校外、国内或国外，只要有益于学生的知识积累、能力发展、技能提高，都可以加以开发和利用。

3. 前瞻性原则

大学英语课程资源的开发与利用是与学生的需求紧密相连的，受现有的课程和现实社会的实际需求推动。但从发展的角度来看，课程资源建设还要与未来社会的发展联系起来。只有这样，才能够帮助学生更好地把握未来社会的一些发展趋势。因此，建设者要具有发展意识，密切关注社会的发展动态，注意吸收当前重要的、有影响力的、处于科技前沿的一些素材，在此基础上，开发出对学生来说真正有用的课程资源，对学生加以引导，让他们逐步接受这些新东西，为学生以后的终身学习与可持续发展打下坚实的基础。

4. 适应性原则

内容丰富、形式多样的网络资源为开发大学英语课程资源提供了便利的同时，也给开发和利用带来了一定的难度。它迫使人们思考开发什么、以什么形式开发、开发到什么程度等问题。建设大学英语课程资源的目的是更好地服务于大学英语教学，无论在内容还是功能上，都要充分考虑教育的需求，要遵循适应性原则，使教师、学生和其他教育工作者能及时方便地获取所需信息，实现资源的利用价值。因此，在筛选资源时，建设者必须了解用户需求，进行需求分析，即结合实际情况，从更加专业的角度对用户提供的需求信息进行科学的分析和研究，确定用户的需求热点和需求方向，做到量身定做或按需供货。适应性原则在大学英语教学中体现为要依据学生语言水平确定语言内容，依据学生年龄特征确定资源形式，依据学生认知基础选择资源范围，依据教学与学习需要确定开发主题。

三、精品课程建设的探索与实践

（一）制订大学英语精品课程建设计划

大学英语精品课程建设是根据大学教育的培养目标以及大学英语教学内容，培养学生掌握必需的、实用的英语语言知识与语言技能，具有阅读和翻译与本专业有关的英文资料的初步能力，并为进一步提高英语的应用能力打下一定的基础。大学英语教学内容要以应用为目的，以够用为度，在英语教学过程中要突出语言的实际应用，加强语言技能培养。为了实现大学教育目标，提高学生英语应用能力，并响应教育部"高等学校教学质量和教学改革工程"，成立了大学英语精品课改革课题组，开始对课程进行了一系列的改革。此项精品课程建设不仅对课程进行了改革和调整，而且使教师队伍、教学管理、教学理念、教学内容等各个方面都得到了建设。课程组本着基础课原则，在课程建设中注重英语基础理论、基本知识与基本技能的学习与训练，为学生今后掌握专业知识、学习科学技术、发展相关的能力打下坚实的英语基础，努力把大学英语基础课程建设成为独具特色的精品课。

（二）英语精品课程教师队伍建设

教师是教学改革的保证。首先，根据精品课程建设的内容要求，我们组建了一支结构合理、整体素质较高的大学英语精品课程梯队。课程主要负责人与主讲教师是具有丰富教学经验的高级职称教师，并亲自主持、设计和指导实践教学；同时以担任大学课程的教师为项目组成员，形成了一支职称、学历、年龄结构合理、人员稳定、教学水平高、教学效果好的教学梯队。英语教师的综合素质是英语教学活动的一个重要决定性因素，课程组教师首先要转变观念，认清形势，即英语教学应转变为以应用为目的，以学生为中心。在课程建设中，从大纲及教材的编写、电子教案的制作、多媒体课件的开发与应用、试题库的建设到课程的改革都十分注重调动教师的积极性，使他们参与到以上各项研究和改革中。其次，从能力目标和知识结构来考虑，课程建设有意识、有目的、有方案、有步骤地根据教师各自的特长选出项目负责人，逐项进行课题建设。教师是实施课程建设的主体，是推行课程改革的关键，精品课程建设需要新型的教师。在学习和建设精品课程过程中，教师队伍的整体素质有了很大提高，教育教学能力和综合素质也得到了普遍提升。

(三) 教学内容和课程体系建设

大学英语精品课定位为公共基础课，应该方向准确，基础扎实，难度适中，课内外互动，实用性强，内容精练。我们认识到建设大学英语精品课程是体现大学英语教育特色和一流教学水平的示范课程，其课程内涵为：第一，精品课程建设体现出现代教育思想，符合科学性、先进性、创新性、系统性、实用型和教育教学的普遍规律；第二，理论教学体现出以应用为目的，以"必需、够用"为度；实践教学内容与英语教学相配套，形成完整的体系，重视培养学生的实践能力和创新能力；第三，理论教学和实践教学大纲系统完整，充分体现了教学改革和教学研究的成果，指导思想把握准确。在教学条件上，我们已具有符合大学教育要求的系列大学英语教材，充分地体现出大学英语教学特色的大纲、课程简介、教辅材料以及实训条件。在教学方法上，不断改进并有效处理以充分调动学生积极性和参与性为目的的传统教学手段和现代教育技术协调应用的关系；恰当地处理传授知识和培养能力的关系，注重培养学生的应用能力。在教学效果上，我们在考核方式上做到有所创新和突破，考核方式、方法尽量做到科学、灵活、多样；考核的重点，除了"三基"内容外，更注重考核学生分析问题、解决问题的能力，以此来真实反映大学生应用能力的培养水平。定期组织课程组教师对在建设中的大学英语课程进行观摩教学，不断总结经验，改进教学方法，通过课程建设加强管理，建立起一套完整的教学管理体系。任课教师每人拥有一套科学的教学计划、实施表、教学小结及平时成绩管理等文件夹，使大学英语教学工作走上科学管理的轨道，实现了大学英语教学管理的制度化。进行课题项目分工，课题组成员分担不同的研究工作，组织集体备课、观摩教学，制作出了每学期使用的标准化电子教案及精品课教学演示课件，建立起一套较完整的科学考核和评估的能与国家大学英语应用能力测试相衔接的大学英语分级测试试题库，统一了教学目标及测试标准；为开展新型计算机多媒体辅助教学的课程模式，我们从硬件设备上建立起一个供学生自主学习、人机互动的多媒体教学实验中心，为实施现代化教学奠定了基础。

(四) 大学英语精品教材建设

在教学过程中，教材是联系教师和学生的中介。教材与教育思想、教学原则、教学方法、学习理论和实践有着直接的关系，是各种教学理论、方法和手段的综合体现。精品教材应着重培养学生的综合运用能力和大学英语实用能力，遵循英语教学的基本规律，吸收国内外先进教学理念，充分体现大学特色，力求提高学生英语素质，突出实际交际能力，强化听、说、读、写综合技能。在编写教材时，本着以学生为本、师生互动、自主学习的指导思想，将教材建设成一体化设计、多媒体有机结合的立体化教材。

第四节　大学英语教学模式的创新

一、"现代型教学"模式

（一）教学观的转变

现代教学观是主张以教师为主导、以学生为主体、以就业为导向，实现培养目标和培养规格，并以现代新技术为支撑的教学观点。采用以网络技术为依托的实验手段，运用计算机、多媒体和远程通信技术，对教学内容、教学组织形式进行彻底变革。利用网络教学、双向教学、远程教学拥有的软件资源，开发学生智力，培养其自我学习与探索新知识的能力。

教学、科研和应用有机结合。以现代信息技术为依托，以科研促进教学与应用。开拓新知识，增强科研意识，提高师生的实践创新能力。以研究带动应用。现代型教学具有时代的开放性，以现代信息技术为依托，将教学、科研和应用有机结合，以教研促科研，以科研带教研和应用，与传统型教学相比具有如下特点。

1. 教学观念的创新性

在教学思想方面，现代型教学比较注重知识的专题性、前沿性、开拓性，以现代信息技术为依托，重点放在实践教学上，以社会需求和培养应用型人才为目标，以创新为目的。

2. 教学内容的互补性和实用性

现代型教学在高校中是将系统教学与专题研究、理论教学与实验教学、研究与应用紧密结合，教学内容的选取是以社会需求为目标、以技术应用能力的培养为主线，突出实用性，重在培养学生独立发现问题、解决问题的思维和实际操作能力。

3. 教学方法的直观性和科学性

现代型教学不仅利用传统的挂图、模型、幻灯、投影仪等教具，还有效利用现代科学技术手段，充分利用网络、多媒体，综合了计算机、图形、图像处理、电子技术、影视艺术、音乐美术、教育学、心理学、教学法等诸多学科与技术，集文字、图形、图像、声音、视频、影像、动画等各种信息于一体，使得抽象、深奥的信息知识简单化、直观化，缩短了客观事物与学生之间的距离，并能充分调动视觉、听觉能力，集中学生的注意力，提高其掌握知识的能力。

4. 教学模式的职业定向

无论是德国的双元制还是我国的教学模式，或是能力本位的教学模式，现代型的教学都以社会需求为目标，以某一岗位群为目标来组织教学，培养学生的职业能力，因此，具有明确的职业定向性。

5. 教学能力的知识性

现代型教学将基础教学与应用教学、传授知识和研究新课题结合起来，并立足于学科的前沿，以培养适应时代的创新人才。现代型教学要求教师不断更新知识，力求在教学中做到"新、博、独、深、精"。"新"即用新观念、新思想、新方法，讲授新内容，使学生有耳目一新之感；"博"，即知识渊博，讲授内容广博，信息量大，使学生广学博收；"独"，即用独特的方法，讲授独到的见解，培养学生独立思考、独立研究的能力；"深"，即深入讲授、深入探索、深入研究，有意识地培养学生探索和研究问题的意识以及信息调研的能力；"精"，即精心准备、精心实施、精讲多练，使学生易学、易记、易用。

总之，我们每位从事高校教育的教师，都必须以提高学生的实际应用能力为目标，认清从传统型教学向现代型教学发展的必然性，从教学观念、教学内容、教学方法、教学模式和教师知识结构等方面深入探究现代型教学及其特点。

(二) 现代课程观

教学内容和课程体系的改革应遵循以下基本原则：必须反映当今社会的生产力水平及科技新成果，有利于促进生产力发展；要反映人才培养目标和规格需要；要体现近代文化、科技创新；要精选教学内容，因材施教，以利于学生能力的培养与可持续发展。

课程的设置与内容的选取：以社会需求为目标，以应用能力的培养为主线，设计相应的培养方案、课程与教学内容，基础理论课程以应用为目的，实践教学应占有较大的比例，着重培养学生的应用能力。

(三) 教学方法的转变

第一，由传统方式向互动式转变。传统教学把重点放在"什么是什么"的事实类知识的传授上，学生处于被动的地位，并过分依赖于教师的讲授，缺乏对知识结构的深入探讨。互动式教学是以动态问题为主。启发学生主动思考、积极参与，教师的主导作用主要体现在知识的引导与教学的组织上，并将教师的主导思想，转化为学生自主学习的行动，从而获得良好的教学效果。

第二，由封闭式向开放式转变。现代型教学以现代高科技信息技术为依托，将以学校为主的传统封闭式教学转变为开放式教学，通过校园内外的网络开通多媒体教学、空中课堂、网上教学，及时获得新的知识。信息高速公路的实现必将成为最理想的开放式教学手段。

第三，由理论教学向实践教学转变。传统教学着重于理论教学，并强调理论的系统性和完整性；现代型教学则着重于实践教学，使学生拥有充分的时间进行实训以掌握技术要领，尽快地提高学生的实践能力。现代型教学的优点在于采用因材施教的分层次、个性化教学手段。由于各大专院校大量扩招，导致在校学生人数众多，大班教学目前还普遍存在。在此情况下，协同学习成为一种很好的弥补方式。通过课堂讨论学习的方式，使学生之间学会交流、合作、竞争,在此基础上积极创新环境,发现学生个性,分层次、分阶段地实施教学,逐步完成因材施教的个别化教学。

(四) 现代型教学的实践模式

在高等教育领域,国际上比较成功的现代型教学实践模式有:德国的双元制教学模式,即企业与学校合作进行职业教育的模式。受训者既是企业的学徒,又是学校的学生,一身二属,故称"双元制"。另一种是北美较为流行的能力本位的教学模式,是将一般知识、技能、素质与具体职位相结合,以整合能力管理为理论基础,以模块为课程结构的基本特征。它以"学"为中心,学习以自主学习的方式来进行。首先对原有的学习能力进行自我认可,确定能力的学习目标,继而进行自学活动,随即在现场进行尝试性能力操作。

(五) 更新教师知识

现代型教学比传统型教学更先进、更多样,其中包括以应用为主的多种形式。要奠定坚实的现代型教学的基础,教师知识的更新是关键。教师要树立继续学习、终身学习的思想。教师不能只满足于现有的知识水平,而应不断学习,更新知识结构,使自己始终处于学科的前沿。教师还必须承担一些具有创新性的研究课题。通过对课题的研究和探索,加深自己的专业知识,力争成为本学科的学术骨干。教师也应当深入生产实践,走产、学、研相结合的道路,在生产实践中获得丰富的经验,力争成为"双师型"教师。

二、大学英语教学模式发展的新趋势

(一) 从单一教学模式向多样化教学模式发展

自从近代教育科学的创始人德国教育学家赫尔巴特提出"四段论"教学模式以来,经过其学生的实践和发展,逐渐形成了以教师为中心的传统教学模式,这一模式成为20世纪教学模式的主导。之后,杜威打着反传统的旗号,提出了实用主义教学模式。20世纪50年代,有关教学模式的研究一直在"传统"与"反传统"之间来回摆动。50年代以后,由于新的教学思想层出不穷,再加上新的科学技术革命使教学产生了很大的变化,于是,教学模式出现了"百花齐放、百家争鸣"的繁荣局面。

(二) 由归纳型向演绎型教学模式发展

归纳型教学模式重视从经验中进行总结和归纳。它的起点是经验,形成思维的过程是归纳。演绎型教学模式指的是从一种科学理论假设出发,推演出一种教学模式,然后用严密的实验来验证其效用。它的起点是理论假设,形成思维的过程是演绎。归纳型教学模式是来自教学实践的,不免有些不确定性,有些地方还不能自圆其说;而演绎型教学模式有一定的理论基础,形成了较为完备的体系,它更加强调教学模式的科学理论基础。这为我们自觉地以科学理论为指导,主动设计和建构特定的教学模式,以达到预期的教学目的提供了可能。目前,演绎法成为教学模式生成的重要途径。

(三) 由以"教"为主向重"学"为主的教学模式发展

传统教学模式都是从教师如何去教这个角度来进行阐述的,忽视了学生如何学这个问题。杜威的"反传统"教学模式,使人们认识到学生应当是学习的主体,由此开始了对以"学"为主的教学模式的研究。随着建构主义等以学生为中心的教学理论的发展,师生在教学过程中的地位和作用发生了巨大的变化。现代教学模式的发展趋势是重视教学活动中学生的主体性,重视学生对教学的参与,教师要根据教学的需要,合理设计"教"与"学"的活动,鼓励和帮助学生实现自主性的、探索性的、创造性的学习。

(四) 教学模式的技术手段日益现代化

在当代教学模式的研究中,越来越重视引进现代科学技术的新理论和新成果。新的教学模式非常注重将计算机、多媒体、网络等信息技术运用到教学中,教学条件的科技含量越来越高,充分利用现有的教学条件对教学模式进行了全新的设计。

第四章　大学英语教学其他方面的创新

第一节　课程思政教学的创新

一、课程思政教学的意义

长期以来，大学英语教学中融入课程思政教学一直未得到应有的重视。在大学英语教学中，很多教师对于语法、词汇、结构等进行过多地讲解，学生学习的目的也多是进行必要的考试，进而顺利毕业，然后期待毕业后能找到适合自己的工作。这样的教学模式更多是教书功能的展现，而忽视了育人功能。简单来说，当前的大学英语教学过分注重知识的传授，但是忽视了让学生认识世界与中国发展的大趋势，也忽视了让学生树立共产主义远大理想与中国特色社会主义共同理想的信念。因此，在大学英语教学中，课程思政教学的融入有助于提升学生的思想素质与道德素质，有助于培养学生具备正确的价值观与人生观，使自己努力成为建设社会主义的接班人。

二、课程思政教学的目标

基于经济全球化的背景，中国提出了"一带一路"的倡议，这就要求中国应该努力培育出一批英语专业能力强、能够展开跨文化交际的全方位人才。

基于此，大学英语课程的思政改革教学需要从如下几点着手。

（一）发扬中华文化精髓，培养大学生的文化自信

中华文化有着五千年的历史，到了今天，中华文化的价值理念一直为人类文明的进步提供重要启示。对中华优秀的传统文化进行研究与传承，有助于树立中华民族的文化自信。大学英语课程的思政建设需要融入文化自信，从而让学生逐渐树立中华文化的自豪感。

（二）立足国际，胸怀理想

未来世界的竞争主要体现在国际人才上，能够从全球的角度对问题进行观察、处理等，是对未来国际人才的要求。随着世界一体化的推进，学生需要具备国际视野，这也是我国人才培养的一项重要目标。

当代大学生不仅需要具备爱国主义情操，还需要具备与国际接轨的能力，让自己逐渐成为具备多元价值观的公民。

（三）助推心理健康，构建完善人格

受功利主义的影响，传统的教育主要强调成绩，只有成绩好，学生才能树立自己的认同感，也能够得到教师、家长的认同。如果成绩不好，学生很容易产生抵触情绪，也比较容易出现挫败感。显然，自尊在学习中非常重要，有助于学生发挥主观能动性，只有具有明确的理想，才能够对自己的生活、学习安排处理得当，也能够处理好人际关系。课程思政教学就是要树立大学生的完善人格，从而帮助学生树立崇高理想，使大学生成为德才兼备的人才。

三、课程思政教学的创新策略

（一）培养英语课程的文化品格

英语课程属于一个系统工程，其不仅包含教学内容、教学目标、教学要求，还包含对英语课程性质的理解与把握。传统的英语课程仅仅从英语学科出发来教授知识与技能，显然这样的教学目标是不够全面的，忽视了对学生综合素质的培养。而对英语课程的文化品格进行研究可以将英语课程追溯到语言与文化这一本质问题上进行剖析，从而将英语课程放在一个更为广阔的领域进行研究，也是对以往英语课程局限性的突破，可以直接深入英语课程的根本问题。

同时，随着英语课程与教学改革的深化，很多教师迫切要求一种新的理论来指导教学实践。而对英语课程进行文化语言学层面的研究，是更新教学观念、变更教学方法、建构教学新秩序的重要手段，有助于帮助教师走出应试教育的困境，具有实用性价值。也就是说，在英语课程与教学改革中把握英语教育文化的本质，才能在实践中调动学生的主观能动性，真正地实现教育目的。这就是对英语课程的文化品格进行分析的魅力所在。

1. 文化品格的概念

文化品格即指的是人或者事物在思维方式、价值观念等层面表现出来的气质、精神、特点与风格，其不仅是对人或者事物文化属性的规定，也是其价值取向的一个重要表现。

从中国知网关于"文化品格"进行搜索，其主要涉及两大研究范畴：一是对某个人或者群体所具备的个性特征展开分析；二是对某类事物或者活动本身在文化层面表现出的属性与特征进行研究。但是综合分析来看，文化品格重在描述事物或者活动主体所展现出来的文化特征与气质，并且这些文化特征与气质是事物以及活动主体的重要体现。因此，本书采用"文化品格"来对英语课程展开描述。

2. 英语课程中文化品格的释义

无论是什么学科，一旦进入了学校教育领域，以一种课程的形式表现出来，其就不可避免地具备"文化品格"，这是由课程的本质属性决定的。就这一意义而言，所有课程都与文化有着密切的关系。但是，由于课程不同，这种文化的存在样态也是会存在差异的。

对于英语这个课程来说，学生学习英语不仅仅是为了学习英语知识，更是要理解其隐形的符号系统。对于母语学习者来说，母语课程会浸润在日常生活中，是一种自觉的行为，但是对于外语学习者来说，由于一些场合与场景的缺乏，导致其势必会是一种探寻的结果。因此，英语课程的文化品格指的是英语课程作为一门语言教与学的课程，其自身所持有的文化气质、文化性格与文化品行。当然，这主要受英语课程的性质与任务决定。

（1）从课程性质理解英语课程的文化品格。具体来说，英语课程的性质主要可以归纳为如下几点。

首先，英语课程的基础性。21世纪是一个世界各国相互融合的时代，地球已经成为一个村落，在这一村落中，英语是流行的语言，要想在这一村落中生存，英语是必须具备的交际手段。随着信息技术的发展，计算机网络使人们获取知识的方式发生了改变，21世纪的人才要求具备在网络上获取信息的能力，而英语成了国际网络上的交流工具。显然，掌握英语是新时代对人才的一大要求。我们处于一个多元文化的社会，而在这个社会中的人们需要学会与不同文化背景下的人们展开交流、和谐共处。英语课程为学生们打开了一扇了解他国文化的窗户，通过这一途径，学生可以接触不同的文化，了解不同文化背景下人们的生活方式，为进一步增进彼此之间的交流与合作奠定基础。显然，英语课程是学生开阔视野、培养智力、锻炼品质的一项重要课程。

其次，英语课程的交际性。实际上，不光是英语这门课程，其他课程也都具有交际性。但是由于受传统教育观念的影响，我国的英语课程过分注重词汇知识与语法知识的讲授，这种观念虽然有助于学生获取英语语言本体知识，但是随着对语言本质认识的深入，人们也认识到应该改变这种传统的课程观念，英语课程对于我国的学生来说是一门缺少真实环境运用的学习，基于这样的情况，一味地教授语言知识是远远不够的，这会让学生降低学习的兴趣，因此需要强化交际性，为学生创设各种交际环境，提升他们的交际能力。

最后，英语课程的人文性。英语作为一种语言，不仅是一种交际的工具，还是一种文化的彰显。学习语言更是为了学习语言背后的文化。因此，除了要注重英语课程的工具性，还需要注重其人文性，片面地强调其中的一方面会使英语课程发展不平衡。实际上，在英语学习的过程中，学生获取的不仅是语言知识，还有价值观念与思维方式的改变。通过英语学习，学生可以从不同角度对世界、对自我有客观的认识。因此，英语课程具有明显的人文性。人文性的凸显是英语课程在实践中需要关注的重要层面。在教学中，将文化教学与语言知识教学相结合，用文化对语言教学实践进行引领，是英语课程的题中之意。

（2）从课程任务理解英语课程的文化品格。英语课程的性质决定了英语课程的主要任务在于培养学生的综合运用能力。

长期以来，我国的英语教学大纲将对知识与技能的掌握作为课程目标与任务，这无形中就造成了英语课程过分重视知识与技能教学的倾向，从而忽视培养学生的语言运用能力。因此，语言知识不能直接与语言能力等同，而是要平衡语言知识与其他能力的关系。新的教学大纲除了要教授学生语言知识外，还需要教授给他们情感、态度与价值观，还需要让他们了解中西方文化的差异，拓宽视野，从而帮助学生形成健康的人生观。

（二）搭建优秀的传统文化交流平台

教师可以组织学生开展"我们的节日"等活动，对中国的传统节日文化进行丰富，使这些传统文化更富有生机。同时，加大宣传力度，如可以组织学生对学校的历史进行定期的学习，在学习校史的情况下，发挥传统文化的作用与意义。

教师可以运用多种文化资源，如图书馆、博物馆、遗址等，培养学生的民族认同感，并结合学校的多重优势，举办讲座，提升学生对中国文化的理解与认知，增强他们的爱国情操。

教师可以组织富有中国文化内涵的社团活动，通过这些活动，使学生的校园生活更加丰富多彩，也能够在学生不知不觉间感受传统文化的魅力。

（三）充分发挥新老媒体的传播作用

在新时代条件下，教师要引导学生运用网络，综合书籍、期刊、网站、电台等多种媒体，对宣传形式加以创新，使中国传统文化的传播与弘扬与时代发展的特点相符合，使中国优秀的传统文化更具有生命力。具体来说，可以采用如下几种方式。

（1）创设有内涵的中国传统文化网站。

（2）在校园网中创设传统文化项目，或者可以运用微信平台，将文化融入生活之中。

（3）充分运用学校资源，将学校的人文传统发挥出来，开设名家讲堂。

（四）提升教师传播中国优秀传统文化的能力

由于当前很多教师的知识结构相对单一，对中国传统优秀文化掌握得并不充足，因此应该努力提升教师的能力。具体来说，主要可以从如下三点着手。

第一，教师应努力学习中国优秀的传统文化。高校也应该鼓励教师不断对知识结构加以完善，对中国文化的发展情况、历史渊源等有所了解，对中国优秀的传统文化形成全面的认识，尤其是对核心价值观的理解和把握。

第二，教师应该不断提升敏感性。高校应该为教师提供出国培训的机会，让英语教师真正地置于文化交际语境中学习。

第三，教师应该不断提升自身的综合能力，真正地做到以身立教，投入到教学之中，培养自身的人格魅力，对自身的品质进行培养，这样才能与学生展开有效的互动与沟通。教师还需要具备广泛的心理学知识，对现代教育技术予以掌握，对不同的内容采用与之相适应的教学手段，真正地实现因材施教。

第二节 生态教学的创新

一、生态课堂的概念

生态课堂是从生态学的视角出发，对生态状态下的课堂加以研究的学科，其强调教师、学生、教学信息与组织、教学环境、教学评价等环节要实现和谐统一，是对师生关系、课程结构等进行的新型建构，是一种各个环节之间彼此联系与和谐共生的教学形态。

教育要以人为本，因此英语生态教学也应该这样。人的生命发展具有多元性，而学生个体的发展具有多样化，这包含他们身心和谐的发展、个人的求知欲、与他人和谐相处的能力等。但是，学生个体的发展不能牺牲他人，因为教育面向的是全体学生，因此要兼容并包，对其他学生要予以尊重。

二、英语生态教学的理念

无论对于教师还是学生而言，英语生态课堂都是一个全新的教育观念，需要每一位教师付诸自己的心血来经营和追求。构建一个完整的英语生态课程系统十分困难，包含创设课堂环境、和谐师生关系、加强课堂互动、构建多元评价机制等。

（一）创设和谐生态课堂环境

对于师生而言，课堂是他们演绎生命意义的舞台。创设一个和谐的课堂环境，是师生完整生命能够自由成长的基础与前提。生态课堂创设，不仅涉及物理环境的创设，还涉及文化环境与心理环境的创设。

1. 物理环境创设

英语生态教学中生态课堂的物理环境，是由自然环境和一些教学设备构成的，自然环境包含照明、光线、噪音等，教学设备包含教师布置、书桌布置等。这些在课堂教学互动中发挥着不同的生态意义与功能。

（1）适当的光线和照明。在课堂中，适当的照明与光线对于教师和学生都有重要作用，尤其是对学生的健康与心理等。例如，如果光线太弱，那么学生在学习中就会感到视觉疲劳，甚至产生厌倦心理；如果光线太强，那么学生就会受到过度的刺激，对健康产生影响。

（2）降低噪音。噪音会对人的生理机能产生影响，这是不容置疑的，而且会让人感觉到非常的不舒服，也会影响学生的心理，如使他们感到焦虑，记忆力下降，甚至思维变得迟钝等。在教室中，噪声大小与教室位置、班级学生密度有关，与位于城市的位置有关。也就是说，班级人数多，那么噪声就偏大；距离城区越近，噪声就越大。

另外，学生对噪声的承受能力会因为个性、性别等产生差异。因此，要想构建一个英语生态课堂，在位置上要远离城市中心或者比较喧嚣的地方。其次，对于班级的规模也应该予以控制。一般来说，公共英语的班级较大，教师应该根据具体的情况，对不同形式的教学活动进行安排，从而减少噪音。

（3）布置教室。作为课堂活动的场所，教室的教学设备、内部构架等都需要精心的设计与安排。教室内课桌的摆放以及墙壁等的布置整洁干净，会让师生感觉到精神上的舒适感与愉悦感。

形状不同的教室,其有着不同的优点。一般来说,梯形的教室适合讲座,长方形的教室适合课堂讲授,因为这样的教室便于安排座位;圆形的教室适合小组交流与讨论,这样座位的布置也是圆形的。

2. 文化环境创设

在英语生态课堂中,文化环境包含物质文化环境与精神文化环境两类。前者指的是符号化与物化的结果,属于一种表层的文化环境;后者指的是态度、情感等,属于一种深层的文化环境。

在英语生态课堂中,物质文化包含课本、教室、教学设备等这些硬性文化,或者可以称为显性文化,这些文化会对人的行为产生不知不觉的影响,因此在创设生态课堂文化时,能够调动各种物质文化的积极性,如班训、班报等,这样可以使课堂更富有气息等。

生态课堂中的精神文化环境包含学生个体的思想与个性发展、学生群体的精神风貌与其他学生之间的关系、师生关系等,这种文化是隐性的,属于一种软文化。对生态课堂中精神文化环境的创设需要将课堂中各个力量凝聚起来,形成具有特色、集体观念的生动课堂。

3. 心理环境创设

在英语传统课堂中,很多学生受学业压力的影响,存在一定的心理问题。因此,为了减轻学生的压力,教师需要考虑学生的健康情况,为学生创设一个自由、轻松的环境。

(二) 确立民主平等师生关系

在英语生态课堂中,要保证师生关系的民主与平等,可以考虑从如下两点着手。

就教师层面来说,应该充分考虑学生的实际需求,对每一位学生的问题都要认真对待,发挥学生的主动性与积极性,尊重每一位学生的人格与个性发展,并多与每一位学生交流,真正地了解每一位学生的情况。

就学生层面来说,应该充分尊重教师,并接受教师的指导与帮助,在日常学习中也要积极地配合教师。

总之,师生之间应该建立一种平等对话的关系,彰显课堂的活力,彼此之间没有压力与猜疑,共同探讨与研究,学生可以畅所欲言,从而使课堂呈现一种和谐之美。

三、英语生态教学的优化

(一) 英语生态教学的优化原则

英语生态教学的优化需要按照一定的原则展开,从而明确优化目标。具体来说,需要坚持如下几项原则。

1. 稳定兼容原则

随着信息技术逐渐融入英语生态教学之中,必然会对一些教学环境产生干扰,进而影响系统内部各个教学要素的关系。这时候,本身兼容的各个要素之间也会因为新要素的引入呈现不和谐现象,这时候就要求教师、管理人员、学生等都需要进行一定程度的改变,从而促进信息技术与各个要素之间的融合与发展。就教学管理层面而言，要改变传统的管理模式，给予教师充分的知识，优化教学的环境，从而使信息技术与各个要素更好地融合与发展。就教师层面而言，教师要不断转变自身角色，不能仅作为分析者与讲解者。就学生层面而言，学生也应该发挥自身的主动性与积极性，从而主动探究知识。

可见，各个要素置于自己的生态位上发挥应有的作用，才能实现兼容，才能保证教学结构的稳定与平衡。

2. 制约促进原则

信息技术的介入使学生能够自主学习、个性学习。实际上，在教学中出现很明显的信息技术误用情况，如对信息技术的过度使用、滥于使用、低值使用等，这些误用对学生的个体发展是极其不利的，导致我国学生的自主学习能力与应用能力下降。信息技术的使用要考虑具体的教学目标，以学生为中心，运用恰当的方法，不可过度使用，也不能不使用，从而促进学生的发展，保证各个要素都能在各自的生态位上发挥作用，并且彼此之间相互依存。当然，功能的发挥需要设定在一定的范围内，不能随意扩大，也不能丧失他们的作用，要综合看待各个要素的功能，从全局出发进行把握，也不能失去微观意识。

总而言之，制约是为了更好地促进，促进又是合理制约的结果，这样英语生态教学才能更自然地进步与发展。

3. 可持续发展原则

可持续发展是 21 世纪教育的根本。英语系统是高等教育的一个生态系统，要求应该坚持可持续发展原则。而社会的可持续发展主要归结于人的可持续发展，因此英语生态教学的发展也必然依赖师生的这些教学主体的可持续发展。就学生而言，要想培养学生的可持续发展能力，教学的目标不仅在于知识的传授。

现代教育包含四大支柱：教会学生认知、做事、共同生活、生存。学生的能力也是随着这些理念逐渐发展起来的。英语教学改革的目的在于提升学生的英语学习可持续发展能力。这种能力指的是学生在阶段及以后的学习和生活中，应该不断完善自我，不断发展。

从学科性质上说，这种能力指的是学生自主学习与自觉学习的能力。教师应该对学生的个性特点予以尊重，发挥学生学习的积极性与主动性，培养他们的探索意识与自身潜能，完成教学实践。

从教师层面上来说，要想实现教育的国际化，教师也需要遵循可持续发展原则，即如果仅仅是一些传统的教学理念，显然不能满足当前教学的要求，因此教师应该考虑国际化的形式，努力拓展自己的视野，拓宽自己的知识领域，培养自身的学术能力与思辨能力。

但是需要指出的是，教师、学生与其他生态因子都是教学生态系统可持续发展的重要组成部分，因此这些因子之间不能损害各自的利益，任何一个因子的缺失都会影响其他因子的发展，影响稳定性与和谐性。

(二) 英语生态教学的优化策略

英语生态教学系统的优化需要在坚持上述原则的基础上，结合各个生态因子之间的关系，采用恰当的优化策略。当然，这是一个复杂的过程，在这一过程中，需要以教师作为突破，因为教师在英语生态教学中的作用非常关键，教师教学的态度、理念等如果发生改变，那么就会影响具体的教学情况。因此，只有保证教师的生态化发展，才能保证教学的优化。具体来说，需要从如下几点做起。

1. 促进教师的生态化发展

教育是国家大计，只有拥有好的教师，才能搞好教育。因此，要努力打造一支技术精湛、道德高尚的教师队伍，这是当前教育改革与发展的重要目标。

就教育生态学而言，教育生态系统主要由教师、学生、环境等构成，在这一系统中，教师是一个完整的生态主体，其对整个生态系统起着非常重要的作用。教师与其他环境之间要多进行能量与物质上的转换，因此其生存、发展必然是周围环境相互作用的结果。同样，英语教师在整个生态教学系统中也发挥着巨大的功能，教师的行为、理念等会对学生、教学等其他因子产生巨大影响。当然，要促进教师的生态化发展，需要做到如下两点。

(1) 优化教师的生态位。在教育生态系统中，各生物主体之间与环境间是直接又是间接的关系，这种关系可能是竞争关系，也可能是共生关系，他们共同对系统中的资源进行消耗。在系统中，每一个生物主体的位置都是特定的，这就是所谓的生态位。在生态环境中，教师要服从学校的各种要求与规则，从而保障生态系统的稳定，同时还需要不断发展自我，不断适应变化的环境。显然，教师几乎与系统中的各个部分都有着密不可分的联系，生态位在这之中起着中介的作用。

在英语生态教学中，教师需要明确自己的地位，以学生作为中心与出发点。在信息技术背景下，教师需要有强大的适应能力。可见，教师是信息技术与英语生态教学整合的关键层面，对英语生态教学的发展起着十分重要的作用，并且随着环境的改变而不断完善与发展。

(2) 提高教师的专业素质。一名合格的英语教师需要具备如下素质。

第一，专业知识扎实，专业技能充足，即词汇、语法知识与听、说、读、写、译能力。

第二，人品修养较高，个人性格要好，要有好学、谦虚等品质。

第三，现代语言知识具有系统性，也就是英语教师要系统了解语言的本质与规律，并能够用语言知识对教学进行指导。

第四，外语习得理论知识要把握清楚，尤其是要了解外语习得与外语教学的特殊性质。

第五，掌握一定的教学法知识，将教学法的优劣把握清楚，并取长补短。

当然，进入21世纪，除了具备上述素质外，教师还需要具备信息技术知识，不断转变自己的观念，提升自己的专业素质，从而向生态化方向发展。从内部来说，教师需要培养自身的反思精神，从外部来说，教师需要创建外在生态学习网络，通过参与和分享，不断提升自己的科研意识与水平，实现英语知识结构的更新，促进个人生态的进步与发展。

2. 建立和谐的师生关系

英语生态教学系统是相互联系的整体，在这一整体中，师生之间通过不断地交互，构成一个整体。在英语生态教学中，师生无疑是最重要的关系，是一种和谐共生的关系，他们通过交流与对话达成一致，教师以特殊的方式对自己的灵魂进行塑造，学生在教师的心理留下印记。师生关系的三个要素为：

第一，真实，即真诚，要求师生之间在交往时应该坦诚相待，诚实表达自己的观点与看法，教师不能将自己的意愿强加给学生。

第二，接受，即教师要相信学生能够进行学习，接受学生遇到问题时的那种犹豫和恐惧，同时要接受学生的冷漠。

第三，移情性理解，即教师要对学生的内心世界、生活环境等有所了解与把握，从学生的角度看待问题，真心地为学生着想。

可见，师生之间的交往活动不能仅依靠教师的话语来实现，还要与学生紧密相连，如果没有学生的发展，教学的价值荡然无存。英语生态教学不仅是为了传输知识，还是师生之间情感的互动，而要想实现教学目标，这样的互动是分不开的。

英语生态教学属于一种人文教学，即培养素质与人格的过程。就语言学习层面来说，学是首要的任务，而不是教，因为学习的过程就是在教师的指导下传递情感与信息的过程。师生之间要建立和谐的关系，需要做到如下几点。

首先，师生之间的地位要平等。这是开展课堂教学的前提条件，也是英语生态课堂的基本特征与心理环境，能够保证课堂生态系统的平衡，激发学生学习的动力与积极性。在英语生态教学中，师生这两大教学主体是有思想、有感情的人，彼此作为独立的生态因子，应处于平等的地位。

其次，师生之间要不断增进交往，拉近彼此之间的距离。由于中国学生谦虚、不张扬的性格使得他们很少与教师展开交流，教师上课来下课走的情况更使得彼此之间交流甚少，师生之间比较淡漠，缺乏互相了解，这让教学活动很难真正地展开。既然学生的性格不能主动找教师，那么教师就需要多和学生接触，努力创造了解每一位学生的机会和时间，使学生对教师产生依赖感与信任感，或者他们可以通过邮件或者QQ、微信等进行交谈，这样避免了面对面的交谈，也使得学生减少一些尴尬。

3. 转变教学环境中的限制因子

教育生态学中的限制因子定律具有自身的特殊性。在教育生态学中，所有的生态因子都可能被认为是限制因子，如果某些生态因子的量比临界线低时，就可能出现限制作用，但是如果某些生态因子的量比临界线多时，也可能会产生限制作用。教育生态系统中的有机体不仅对限制因子的作用具有适应性的作用，而且能够采用恰当的方法，创造条件对限制因子进行转换，成为非限制因子。这一定律对于英语生态教学是非常适用的，即在英语生态教学之中，每一个生态因子都可以进行转换，限制因子也同样可以转换成非限制因子。

教学生态系统即将复杂人际关系包含在内的系统，是一个集合智力、非智力等因素的系统，也是一个复杂的信息管理系统。要想对英语生态教学过程中的失衡现象加以调节，不断提升英语生态教学的质量，就需要明确这些限制因子，并将它们找出来加以改善，只有找准这些因子，才能对其进行转化。当然，要想找到这些限制因子，首先就需要进行观察，要认识到这些限制因子的限制界限，以及这些限制因子是如何阻碍教学发展的。

就目前的英语生态教学而言，教师需要从当前形势出发，使用信息技术展开教学，当然使用信息技术并不是说过多使用信息技术，要把握好使用的度。实际上，信息技术就是一种限制因子，因为如果学生不能进行网络自主学习，也同样对其自身发展不利。

当然，只找到限制因子还不充足，还需要将这些限制因子转变成非限制因子，这样才能将这一复杂过程进行简化，发挥师生的主观能动作用，加强交流与合作，创造有利条件，消除限制因子的不利方面，推动英语生态教学健康、和谐地发展。

4. 构建开放和谐，多维互动的语言环境

在生态环境系统中，生物并不是孤立的成分，而是与其环境有着紧密的联系。环境对生物产生影响，生物也会对环境产生影响。受生物影响发生变化的环境又可以对环境产生反作用，二者是不断协同进化的过程。因此，在英语生态教学中，要对自然、社会中的物质环境、人文环境展开分析和探讨。

课堂是教学的主体，是教师、学生与环境组成的基本系统。英语生态课堂的物质环境不仅对师生的身心健康产生影响，还会对学生自主学习能力的发展产生影响。因此，课堂良好的物质环境能够使课堂更有活力。英语生态教学的课堂可以被认为是一个小的自然生态系统，其不仅需要广阔的场地，还需要光线、温度等因素，还不能有噪声的影响。只有这些物理环境达到标准，才能实现彼此之间的协调。同样，教室内座位的编排也是非常重要的，因为在课堂这一系统中，需要时时刻刻地交互活动，这样才能保证课堂的动态性。

构建开放互动的语言环境，还需要为语言学习营造氛围。在英语生态课堂上，只有愉快、和谐的氛围才能让学生在学习的过程中得到解放，才能将自己生命的活力展现出来。在具体的教学过程中，教师应该考虑英语学习的特点，通过演讲、小组活动等为学生创设语言交际的情境。

语言学习并不是将知识机械地传输给学生，而是多种因素综合的结果和行为。用语言展开交际是语言学习的目的，其需要语言来参与其中，因此教师需要从教材出发，做到将教材中的教学情境真实化，这样才能让知识的教授更加生动。当然，在英语生态教学中，还需要为学生创设轻松的心理环境，这样有助于师生之间的交往，促进班级的和谐，教师要为学生营造一个有助于互动的班风，从而打造有助于多维互动的心理环境。

第三节 跨文化交际教学的创新

一、跨文化交际的概念

跨文化交际这一现象并不是近期才出现的,而是自古就有。随着人类不断进步,跨文化交际的内容、形式等也在不断改变。在当今时代,跨文化交际的手段和内容变得更为丰富。通过跨文化交际,国与国之间可以相互交流,这种交往的过程是十分复杂的过程。

虽然交流的时空距离在不断缩小,但是人们的心理距离、文化距离并没有随之缩小。由于受文化取向、价值观念等的影响,文化差异导致了一些冲突和矛盾的出现,不同文化背景下人们的交流面临着严峻的障碍。为了解决这些障碍,对跨文化交际进行研究是十分必要的。

现如今,很多人将跨文化交际定义为来自不同背景的人们之间,通过语言来实现信息的交流与共享的过程。

二、跨文化交际的影响因素

(一)心理因素对跨文化交际的影响

心理因素指运动、变化着的心理过程,例如人的感觉、知觉和情绪等,它们往往被称为事物发展变化的"内因"。广义地讲,人的心理因素包括所有心理活动的运动、变化过程。具体来讲,人的心理因素主要有两种:积极心理因素与消极心理因素,它们是相互排斥的。积极的心理因素对跨文化交际起着促进作用。在当今经济全球化条件下,跨文化交际日益频繁,其本身的作用也日益重要。不同文化背景下的人们在交际中只有具备相应的心理意识,才能使得跨文化交际顺利进行。

消极的心理因素对跨文化交际具有阻碍作用。跨文化交际过程中,潜在的障碍主要来自交际团体和个体间的心理取向。定式、民族中心主义、偏见、寻求相似性、普遍性假设等因素都会影响交际的顺利进行。只有交际主体提高对文化差异的认识,以尊重、平等、开放、包容的心态进行交际,才能获得跨文化交际的成功。普遍性假设也是跨文化交际的阻碍性因素之一。有些人认为自己与另一文化的人们有很多相似性,并以自己怎样看待事物为基础,去假设自己也知道别人的思维方式。这种假设会导致沟通障碍,甚至引发冲突。

(二)环境对跨文化交际的影响

跨文化交际研究的重点是文化差异,而文化的差异主要源于其所处的环境不同。环境包括因文化本身所造成的生理环境、心理环境、社会环境、自然环境以及具体的语言环境,环境因素对于跨文化交际的影响无处不在。

交际的物理环境对于交际的影响是非常明显的。人们在社会化的过程中学会了在什么样的场景下说什么样的话、怎么说、不说什么，等等。行为的场合具有一种约束力，人们对具体场合中什么是恰当的行为存在共识。在跨文化交际中，对于某一个具体环境，不同的文化会有不同的反应。如中国学生上课的教室环境要求与美国教室的要求完全不同。社会环境被人们所塑造，但是又反过来影响人们的生活方式、价值观、思维方式等等，所以对跨文化交际来说也有至关重要的影响。

（三）思维方式对跨文化交际的影响

语言是以特定的民族形式来表达思想的交际工具。思维通过语言来存在和交流，语言又与该民族的思维方式和水平相适应。不同的文化背景造成不同的思维方式，其理解方式也大相径庭，因而在跨文化交际中就存在或多或少的障碍。

当西方人在用其固定的严密的逻辑思维推导汉语词句可能的意思时，思维方式障碍将不可避免地遇到，其主要表现在两个方面。

1. 用线性思维方式理解汉语词句的含义

所谓的"线性"思维，其主要特点是用一元一维直线思维处理各种问题，又称"直线思维方式"。多元问题一元化、复杂问题简单化；将问题的性质都看成非此即彼，凡事必须做出明确的"是""非"判断，非黑即白。这就难以避免主观性、绝对化和片面性。从某种程度上看，这是西方的严式逻辑推理思维，过度强调精确的外化。例如中国人有时会说"你妈妈真年轻，就像你姐姐一样"。在我们看来这是明显地表示称赞对方母亲的年轻，而西方人则会认为这是显然地说自己看起来老于实际年龄。

2. 用主观性思维方式解释汉语词语的含义

主观性思维是使外部现实适应和服从自己头脑中的固有模式的思维习惯倾向。换言之，则是将外部事物强行融入自己的头脑模式，不管其正确与否。

中西语言思维的差异致使对文本的理解有了沟壑。而线性思维方式与主观思维方式二者本无绝对区分。因此，当以线性思维看问题时就易陷入主观臆断当中；而主观思维反过来又促使线性思维直板、单一、片面地理解。对语言文化内涵的把握绝不可只限于从它产生的文化背景中了解它的一般所指，更重要的还在于能够从产生它的特定文化背景中去把握它所负载的、超出一般所指的特殊意义。

三、跨文化交际的要素

跨文化交际的过程是一个信息编码与解码的过程。这一过程是非常复杂的，同时会受到多种因素的影响和制约。其主要包含两大因素：一是言语交际因素，另外一个是非言语交际因素。下面就来分析和探讨这两大因素。

（一）言语交际

语言是人们进行交际的重要因素之一。语言跨越了人们的心理、社会等层面，与之相关的领域也很多。对语言进行研究不仅是语言学的任务，也是心理学、社会学等学科的任务和内容。因此，语言与交际关系的研究具有明显的跨学科性。

人具有很多特征，如可以制作工具、可以直立行走、具有灵巧的双手等，但是最能够将人的本质特征反映出来的是人的语言。人之外的动物也可以通过各种符号来进行信息的传递，如海豚、蜜蜂等都可以传递信息，但是它们所传递的信息只能表达简单的意义，它们的"语言"是不具备语法规则的，也不具有语用的规则。

人们往往通过语言对外部世界进行认识与理解。语言具有分类的功能，通过分类，人们可以对事物有清晰的了解与把握。人们的词汇量越丰富，他们对外部世界的认识就越清晰、越精细。

在对跨文化交际影响的多个因素中，语言作为文化的重要表现，是跨文化交际的一大障碍。无论是何种语言，都有其独特的语音、词汇、语法、语言风格等。对一门外语进行学习，对其语言习惯与交际行为的了解有着十分重要的意义。

1. 言语调节

语言并不是一个简单的交流工具，语言不仅是文化的载体，它还是个人和群体特征的表现与象征。一般来说，能否说该群体的语言是判断这个人是否属于该群体的标志。同样，某些人都说同一语言或者同一方言，那么就可以很自然地认为他们都源自同样一种文化，他们在交流时也会使用该群体文化下的行为规范、价值观念、交际风格，因此也会让彼此感到非常的轻松。正因为所说的语言体现出发话人的身份，而且人们习惯于与说自己语言的人进行交流，因此学外语无论在国内还是国外都热情很高，人们都想得到更多群体的认同。不仅如此，语言还标志着一个民族的文化独立与主权，其对于一个国家民族而言是非常重要的。统一的语言是民族、群体间的黏合剂，其有助于促进民族的团结。更为有趣的一点是，人们对其他民族语言如此的崇尚，往往会产生爱屋及乌的想法，对说这种语言的外国人会不自觉地流露出亲近与欣喜之情。

语言具有的这种个人身份与凝聚力预示着言语调节的必然性。所谓言语调节，又可以称为"交际调节"，即人们出于某种动机，对自己的语言与非语言行为进行调整，以求与交际对象建构所期望的社会距离。一般而言，发话人为了适应交际对象的接受能力，往往会迎合交际对象的需要与特点，对自己的停顿、语速、语音等进行稍微的调整。

常见的言语调节有妈妈言语、教师言语等，就是妈妈、教师等为了适应学生的认知与知识水平而形成的一种简化语言。这属于一种趋同调节的现象，有助于更好地进行交流，达到更好的交流效果。当然，与趋同调节相对，还存在趋异调节，其主要目的是维持自己文化的鲜明特征与自尊，对自己的言语与非语言行为不做任何的调整，甚至夸大与交际对象的行为，这种现象的产生正是由于语言作为文化独立象征以及个人身份而造成的。或者说，趋异调节的产生可能是因为发话人不喜欢交际对象，或者为了让对方感受未经雕饰或者原汁原味的语言。总之，无论是趋同调节，还是趋异调节，都彰显了发话人希望得到交际对象的认同，通过趋同调节，我们希望更好地接近对方；通过趋异调节，我们希望能够保持一定的距离。因此，理想的做法应该做到二者的结合，不仅要体现出自己向往与对方进行交际的愿望，还要保证一种健康的群体认同感。

需要指出的是，在影响言语调节的多个因素中，民族语言活力有着非常重要的影响作用。所谓民族语言活力，即某一语言的社会经济地位，以及说这种语言的分布情况与人数等。如果一种语言的活力大，那么对社会的影响力也较大，具有较广的普及率，政府与教育机构也会大力支持，人们也会更加青睐。这是因为，人们会将说这种语言的人与语言本身的活力相关联，认为这些人会具有较高的声望，所以愿意被这样的群体接受与认同。

在跨文化交际中，言语调节理论证明了跨文化交际与其他交际一样，不仅是为了交流信息与意义，更是个人身份协商与社会交往的过程。来自不同文化的交际双方在使用中介语进行交流时，还需要注意彼此的文化身份与语言水平，进行恰当的调节。

2. 交际风格

在言语交际中，交际风格是非常重要的层面。

第一，在表达意图、意思、欲望等的时候，有人会开门见山，有人却拐弯抹角；有人直截了当，有人却委婉含蓄。

英汉语言的差异，加上受个人主义与集体主义的影响，导致了英美人与中国人交际风格的差异。中国文化强调和谐性与一致性，因此在传达情感与态度以及对他人进行评论与批评时，往往比较委婉，喜欢通过暗示的手法来传达，这样为了避免难堪。如果交际双方都是中国人，双方就会理解，但是如果交际对象为英美人，就会让对方感到误解。因此，从英美人的价值观标准上来说，坦率表达思想是诚实的表现，他们习惯明确地告知对方自己的想法，因此直接与间接的交际风格会出现碰撞。

第二，不同的交际风格有量的区别，即在交流时应该是言简意赅，还是详细具体，或者是介于二者间的交际风格。

第三，以个人为中心的交际风格是采用一些语言手段，对个体身份加以强化；以环境为中心的交际风格是运用语言手段，对角色身份进行强化。这两种交际风格的差别在于，以环境为中心的交际风格是运用语言将社会等级顺序进行反映，将这种不对等的角色地位加以彰显；以个人为中心的交际风格是运用语言将平等的社会秩序加以反映，对对等的角色关系加以彰显。同样，在日语中，存在着很多的敬语和礼节，针对不同的交际对象、交际场合、角色关系等，会使用不同的词汇、句型，并且人际交往也非常的正式。

第四，中西方交际风格的差异还体现在情感型和工具型的区别上。情感型的交际风格是以信息接收者作为导向，要求接收者具备一定的本能，对信息发出者的意图要善于猜测与领会，要能够明白发话人的弦外之音。另外，发话人在信息发送的过程中，要观察交际对方的反应，及时地改变自己的发话方式与内容。因此，这样的言语交际基本上是发话人与听话人之间信息与交际关系的协商过程。相比之下，工具型的交际风格是以信息发出者作为导向，根据明确的言语交际来实现交际的目标，发话人明确地阐释自己的意图，听话人就很容易理解发话人的言外之意，因此与情感型的交际风格相比，听话人的负担要轻很多。可见，工具型的交际风格是一种较为实用的交际风格。

显然，上述几种交际风格是相互关联与渗透的，它们是基于不同的文化价值观建立起来的，其中影响力最大的是集体主义与个人主义的差异，其贯穿于社会的各个领域，并从很大程度上决定中西方文化的不同。

（二）非言语交际

言语交际是通过语言来展开交际的，而非言语交际是通过非言语交际行为展开交际的。非言语交际是言语交际的一种辅助手法，是往往被人们忽视的手法。但是，非言语交际在英汉交际中起着十分重要的作用，甚至有助于实现言语交际无法实现的效果。非言语交际包含多个层面，如体态语、副语言、客体语言等。

对于非言语交际行为，中外学者下了不少的定义。

第一，将非言语交际定义为一种不运用语言展开的交际，这是一种笼统的定义。

第二，将非言语交际定义为不运用言辞来表达，并且被社会人们认可与熟知的一种行为，这是较为具体的定义。

对于非言语交际，一般来说主要包含如下几类。

1. 体态语

体态语又可以称为"身体语言"，所谓体态语，即传递交际信息的动作与表情。也可以理解为，除了正式的身体语言之外，人体任何一个部位都能传达情感的一种表现。由于人体可以做出很多复杂的动作与姿势，因此体态语的分类是非常复杂的。体态语包括眼睛动作、面部笑容、手势、腿部姿势等。

（1）眼睛动作。眼睛是人类重要的器官，其是表情达意的重要组成部分，如愤怒时往往"横眉立目"，恋爱时往往"含情脉脉"等。在不同的情况下，眼睛也反映出一个人不同的心态。当一个人眼神闪烁时，他往往是犹豫不决的；当一个人白别人一眼时，他往往是非常反感的；当一个人瞪着他人时，他往往是非常愤怒的等。

之所以眼睛会有这么多的功能，主要是因为瞳孔的存在。瞳孔放大与收缩，不仅与光感有关，还与个体的心理活动有着密切的关系。当人们看到喜欢的东西或者感兴趣的事物时，他们的瞳孔一般会放大；当人们看到讨厌的东西或者不感兴趣的事物时，他们的瞳孔一般会缩小。瞳孔的改变会无意识地将人的心理变化反映出来，因此眼睛是人类思维的投影仪。

既然眼睛有这么大的功能，学会读懂眼语是非常重要的，同时要注意不要读错。例如，到别人家做客，最好不要左顾右盼，这样会让人觉得心不在焉，甚至心术不正。

需要指出的是，受民族与文化的影响，人们用眼睛来表达意思的习惯并不完全一样。

（2）面部笑容。笑在人的一生中非常重要。当人不小心撞到他人时，笑一笑会表达一种歉意；当向他人表达祝贺时，笑一笑更显得真挚；当与他人第一次见面，笑一笑会缩短彼此的距离。可见，笑是人类表情达意不可或缺的语言之一。

笑可以划分为多种，有大笑、狂笑、微笑、冷笑，也有轻蔑的笑、自嘲的笑、高兴的笑、阴险的笑等。当然，笑也分真假，真笑的表现一般有两点：一种是嘴唇迅速咧开，一种是在笑的间隔中会闭一下眼睛。当然，如果笑的时间过长，嘴巴开得缓慢，或者眼睛闭的时间较长，会让人觉得这样的笑容缺乏诚意，显得非常虚假和做作。当然，笑也有一些"信号"。

其一，突然中止的笑。如果笑容突然中止，往往有着警告和拒绝的意思。这种笑会让人觉得不安，会希望对方尽快结束话题。但是，如果一个人刚开始有笑意，之后突然板着脸，这说明他比较有心机，是那种难缠的人。

其二，爽朗的笑。这是一种真诚的笑，给人一种好心情的笑，一般会露出牙齿、发出声音，这种笑会让对方觉得你是一个很好相处的人，很容易信任与亲近你。

其三，见面开口笑。这种笑是人们日常常见的，指脸上挂着微笑，具有微笑的色彩，这种微笑具有礼节性，可以使人感到和蔼可亲。无论是见到长辈、小辈，还是上级、下属，这种笑都是最为恰当的笑。但是需要指出的一点是，在笑的过程中要更为谨慎，其不是一见面就哈哈大笑，这会让人感觉莫名其妙，它是一种谨慎的、收敛的笑。

其四，掩嘴而笑。这种笑是指用手帕、手等遮住嘴的笑。这种笑常见于女性，显得较为优雅，能够将女性的魅力彰显出来。

由于文化背景的差异，不同国家的人对笑的礼仪也存在差异。在大多数国家，笑代表一种友好，但是在沙特阿拉伯的某一少数民族，笑是一种不友好的表现，甚至是侮辱的表现，往往会受到惩罚。

（3）手势。手是人体的重要部分，在表达情意的层面作用非凡。大约在人类创造了有声语言，手势也就诞生了。手是人们传递情感的行之有效的工具之一。一般情况下，手势可以传达的意思有很多，高兴的时候可以手舞足蹈，紧张的时候可能手忙脚乱等。

当一个人挥动手臂时，往往是表达告别之意，当一个人挥动拳头时，往往是表达威胁之意。而握手这样一个日常生活中普遍的动作，也能够将一个人的个性表达出来。

第一种类型是大力士型，其在与他人握手时是非常用力的，这类人往往愿意用体力来标榜自己，性格比较鲁莽。

第二种类型是保守型，这类人在与他人握手时往往手臂伸的不长，这类人性格较为保守，遇到事情时往往容易犹豫。

第三种类型是懒散型，这类人与他人握手时，一般指头软弱无力，这类人的性格比较悲观懒散。

第四种类型是敷衍型，这类人与他人握手是为了例行公事，仅仅将手指头伸给对方，给人一种不可信赖的感觉，这类人做事往往比较草率。

还有一种是标准的握手方式，即与他人握手时应该把握好力度，自然坦诚，不流露出任何矫揉造作之嫌。

（4）腿部姿势。在舞会、晚会、客厅等场合，人们往往会有抖腿、别腿等腿部动作，这些动作虽然没有意义，但是他们在传达某种信息。因此，腿在人们的表情达意过程中有着非常重要的作用。

对腿的动作了解是人们了解内心的一种有效途径。当你坐着等待他人到来时，往往腿部会不自觉地抖动,以表达紧张和焦虑之情。当心中想拒绝别人或者心中存在不安情绪时,往往会交叉双腿。

2. 副语言

一般来说,副语言又可以称为"伴随语言""类语言"具体来说,其包含如下几点要素。

(1) 音型。音型指的是发话人的语音物理特征与生理特征,这些特征使人们可以识别发话人的年龄、语气等。

(2) 音质。音质指的是发话人声音的背景特点,包含音域、音速、节奏等。例如,一个人说话吞吞吐吐,没有任何的音调改变,他说他喜欢某件东西其实意味着他并不喜欢。

(3) 发声。发声其包含哭声、笑声、伴随音、叹息声等。

上述三类是副语言的最初内涵,之后又产生了停顿、沉默与话轮转换等内容。

3. 客体语

所谓客体语,是指与人体相关的服装、相貌、气味等,这些东西在人际交往中也有着非常重要的作用。从交际角度而言,这些层面都可以表达非言语信息,都可以将一个人的特征或者文化特征彰显出来,因此非言语交际是一种非常重要的媒介手段。

(1) 相貌。无论是西方文化还是中国文化,人们对于自己的相貌都非常看重。但是在各国文化中,相貌评判的标准也存在差异,有共性,也有个性。

(2) 饰品。人们身上佩戴的饰品本身并没有什么意义,但是出现在不同的场合,就是一种媒介和象征。例如,戒指戴在食指上代表求婚,戴在中指上代表恋爱中,戴在无名指上代表已婚。这些作为一种约定俗成的代码,人们不可以弄错。

一般来说,佩戴耳环是妇女在交际场合的一种习惯。当然,少数的男性青年人也会佩戴耳环,以彰显时尚。佩戴一只耳环表示有大丈夫的气息,但是佩戴两只耳环表明他是一个同性恋者。

四、跨文化交际教学的创新任务

外语教育的文化立场作为外语教育的一种基本策略与思维方式,并不意味着在语言知识中简单嵌入文化因素,而是将语言知识与文化知识整合起来,更好地融为一体展开教学。显然,外语教育的文化立场的意蕴便显现出来。

(一) 实现外语教育的文化立场转向

外语学习不仅是一种语言学习,更是一种对多元文化认识与理解的过程。单一的语言学立场容易造成语言与文化的分离。众所周知,语言与文化是并存、共生的,二者是密不可分的关系,语言是突出部分与表现形式,是文化的载体与产物。世界上没有不反映文化内容的语言,也没有与语言无关的文化。语言本身就属于一种文化现象。一个民族的文化在其民族语言中隐藏,因此语言结构具有民族文化的通约性。如果不了解语言中的社会文化,那么就很难真正地理解语言。因此,就本质上说,语言教学与文化教学有着密不可分的关系，语言教学本身应该将文化内容纳入其中来讲授。而且，学生通过对文化知识的学习，能够了解不同的思维方式与风俗习惯，拓展他们语言学习的知识面，提高自身的文化修养。

（二）克服单一的语言知识教学的局限性

外语教学不仅是一种文化教学，更是跨文化视角下的文化回应性教学。所谓文化回应性教学，即要求在教学目标上培养学生尊重其他文化的态度与意识，帮助学生形成自身文化的自豪感与认同感，使学生能够从不同视角出发对同样的事件和经验加以审视与理解，提升自身对文化差异的鉴赏力。外语学习其实属于一种跨文化学习。外语与母语有着不同的价值观、不同的文化背景，因此在外语教育中，教师需要引导学生在了解语言符号知识的基础上，对不同的文化立场与文化背景进行认识和了解。同时，回归母语文化，对不同文化因素的差异性进行判断与理解，对人类共同的核心价值观进行识别，从而有助于培养学生形成尊重其他文化的态度，构建对自身文化的自豪感。

第四节 ESP 教学与英语教材的创新

一、ESP 教学的创新

（一）ESP 的概念

ESP 是 English for Specific Purposes 的缩写，也就是平常所说的"专门用途英语"或"特殊用途英语"，如旅游英语、商务英语、财经英语、医学英语、工程英语等。20 世纪 50 年代，全球经济迅猛发展，科学技术日新月异，国际贸易、金融保险、邮电通讯、国际旅游、科技交流等全球范围内的各种交往空前频繁。国际大交流呼唤一种能担当此重任的交流工具。由于种种原因，英语成了国际交往中的主要通用语言。随着经济和科学文化的发展，英语作为国际语言的地位正在日益得到加强，世界出现了学英语热。为了满足各类人员学习英语的需要，ESP 便应运而生，学英语热的持续升温导致了 ESP 的迅速发展。

ESP 是一种目标明确、针对性强、实用价值高的教学途径。它有两个明显的特点。

其一，ESP 学习者均为成年人，要么是正从事各种专业的专门人才，如科学家、工程师、工业企业家、医师等；要么是在岗或者正在接受培训的各类人员，如从事商业、金融业、旅游业、航空、航海等行业的各级各类人员；要么是在校大学生，包括学习大学英语的非英语专业学生，也包括学习对外贸易、国际金融、涉外保险、国际新闻等课程但同时又学习英语的英语专业学生，还包括部分将来需要经常使用英语的在校学生。

其二，ESP 学习者学习英语的目的是把英语作为一种手段或工具来学习，以便进一步进行专业学习，如各类大学的非英语专业学生，或者是把英语作为手段或工具来学习以便有效地完成各项工作。ESP 的精髓是分析和满足不同学习者的不同需要，以提高教学效果。

(二) 大学英语教学与 ESP 理论结合的可行性

英语教学的最终目的在于让学生从对语言的学习转向对语言的使用，让学生在特定的职业中能够将英语运用得恰到好处。英语课程不仅需要打好语言基础，还需要培养学生实际运用英语语言的能力，尤其是运用英语进行日常处理与交流的能力。因此，大学英语教学必须从学生的学习需求与用人单位的需求出发，满足不同专业对教学的要求，培养出符合用人单位需要的专业人才。ESP 教学使语言教学为专业学习服务，这就说明在实际的工作中，学生需要了解各个专业的发展动态，让英语学习与具体的实践相连接。在大学英语教学中引入 ESP 教学，就是与相关的专业联系起来，这样培养出的人才不仅具有较强的外语能力，还具有专业性。

ESP 教学是社会语言学给语言教育制订的高标准，也是社会实践的基本要求，运用专门用途英语理论指导大学英语教学是可行的。

1. 专门用途英语的教学原则符合大学英语教学要求

专门用途英语主要有以学生为中心、真实性、需求分析三大基本教学原则，专门用途英语的这三大教学原则也符合大学英语教学的要求。

(1) "以学生为中心"的原则。ESP 具有鲜明的目标性，其学习者多是成年人，并且这些成年人的时间是有限的，因此在教学中需要做到以学生为中心。ESP 教学以培养学生的交际能力为目标。

教学目标的确定、内容的选择和教学方法的采用，首先要考虑学生学英语的目的和原因，要由他们用英语进行交际的需要和学习需要来决定。真正有效和可行的 ESP 教学途径必须建立在充分了解语言学习过程的基础上。这里"语言学习"指的是能使学生理解和产出规范语言的学习策略和教学方法。强调"语言学习"，实际上就是强调开展以学生为中心的各种教学活动。这一点与大学英语教学要求相符合。大学英语教学要改变传统的以教师为中心的方式，在教学大纲和课堂教学等方面都强调以学生为中心，设计多种形式的课堂教学活动，根据不同的课程需求、不同学生的语言水平采用灵活多样的课堂学习任务，让学生 learning by doing，提高学生自主学习能力和参与能力，充分调动学生的学习积极性，发挥学生的主观能动性，注重培养学生的语言实践能力及跨文化交际能力。做到让学生学一点，会一点，用一点，提高大学英语教学的效率。

(2) "真实性"原则。真实的学习任务是体现 ESP 教学真实性原则的重要组成部分，真实性是 ESP 教学的灵魂。教材内容要来自与专业相关的真实语料，练习设计和课内外教学活动都应体现专用英语的社会文化情景。"真实的语篇"加上"真实的学习任务"才能体现 ESP 教学的特色。真实的材料包括科技杂志的文章、实验报告和产品使用说明等不同体裁的语料。真实性体现在阅读技能的训练、听说写等语言技能的训练以及学习策略和交际策略的培养上。大学英语教学也要求尽量使用和专业相关的真实的材料使学生的学习更有针对性和目的性，以便学生毕业后能尽快适应岗位工作，使大学教学更加具有实用性。高校学生对目标岗位的真实任务和真实的材料都格外有兴趣，关注度也极大地提高。

（3）"需求分析"原则。需求分析是制订 ESP 教学大纲、编写 ESP 教材的基础。在 ESP 教学领域，需求分析包含两方面的内容。

第一，是分析学习者的目标需求，即分析学习者将来必然遇到的交际情景，包括社会文化环境、工作环境以及特定环境可能给学习者在未来工作中带来的特定心理状态等。

第二，分析学习者的学习需求，包括学习者缺乏哪些方面的技能和知识，哪些技能和知识应该先学，哪些应该后学，哪些是学习者喜欢的学习方法等。

学习需求分析还应包括对教学环境的考察，因为校园或课堂文化氛围、教师队伍状况、教学后勤工作等方面的因素也会直接影响教学需要。高校学生英语水平差距较大，应用能力更是参差不齐，所以大学英语教学强调以"实用为主，够用为度"，从学生的实际需要出发进行教学。根据不同学生的基础，设计、调整好教学层次，突出职业岗位的重点能力，有所侧重，并使学生的听、说、读、写、译各项语言技能协调发展。大学英语教学课时安排非常有限，应结合学生的专业需求，教给学生最迫切需要的，必不可少的语言知识和技能。以最大限度地提高学生在校的学习效率。ESP 以需求分析作为教学的出发点和中心，分析和满足不同学习者的不同需要。通过"用中学，学中用，学用结合"，为高校学生高效地获取职业或专业所要求的语言交流形式提供一种可行的方法，适合高校学生的客观实际。

从以上内容可以看出，ESP 教学体现了语言教学和学习是为行业发展、岗位技能提高服务的，这些都大大提高了学生的学习热情。ESP 的教学原则与大学英语教学所提倡的尊重学生的学习个性和特点、一切以学生的真实需求为本的理念不谋而合，运用专门用途英语理论指导大学英语教学是可行的。

2. 专门用途英语的教学理念与未来大学英语培养目标一致

ESP 强调从专业的需求出发，探求一种英语与专业相结合的方式。它以实用为导向，与职业紧密结合，注重学生语用能力的培养。这与现阶段我国大学英语教学强调的培养与职业能力相匹配的英语使用能力这一目标一致。ESP 注重培养学生的交际能力，提高学生使用英语在目标岗位范围内活动的能力，培养能够在特定专业领域或行业领域范围内运用专业语言交际的专门人才。现阶段我国大学英语的培养目标也是要培养学生在特定职业范围内运用这门语言的能力。ESP 目标的设置把"目标情景"分析或需求分析作为教学的出发点和中心，提炼出与职业或学术领域相适应的英语应用能力，然后整合词汇、语法、教法等教学因素，形成一个针对性特别强、以实用能力训练为中心的教学路径。现阶段大学英语教学以岗位所需英语为基本目标，培养学生在其将来的工作岗位上能够借助英语完成工作任务。由此可见，ESP 为我们提供了实现大学英语教学目标的可借鉴的观念和工具。

3. 高校学生具备接受专门用途英语教育的基础

ESP 学习者把英语作为一种手段或工具来学习，以便进一步进行专业学习，或者是把英语作为手段或工具来学习以便有效地完成各项工作。高校学生通过高中阶段的学习已具备了一定的英语语言基础，掌握一定的语言共核部分，即不论学习对象将来从事何种工作，都必须掌握的语言知识。学生的词汇量、语法知识、文化背景知识和交际技能已经能够帮助其完成一般的交际任务，学生已经具备一定的接受 ESP 训练的能力。在此基础上开展 ESP 教学，传授略高于其现有的知识，使他们在某一专业或职业上实现英语知识和技能专门化，让学生转入学习营销英语、金融英语、机电英语、物流英语等这些他们毕业后最可能从事的专业英语，有利于激发学生的学习兴趣。ESP 教学是通用英语教学的扩展和延续，是从基础英语能力的培养向英语应用技能培养的过渡。高校学生通过对专业英语的学习，掌握一定的专业词汇和会话，能阅读专业相关产品使用说明、操作指南，熟悉行业英语实用写作规范等，实际上是对其专业能力的加强和补充，对学生终身学习和可持续性发展进行的铺垫。

4. 高校教师具备专门用途英语教师的潜质

从当前的通用英语教学过渡到标准的 ESP 教学还需要一个过程。专门用途英语教学需要培养的 ESP 教师队伍既要有较高的英语水平，又要有一定的专业知识，是英语教师和专业教师的完美结合。高校教师具备专门用途英语教师的潜质，可以通过对已有的教师资源进行培训，来培养符合 ESP 教学要求的具有综合语言能力的教师。对具备良好的英语基础的英语教师进行专业培训，鼓励年轻的外语教师攻读其他专业的硕士学位，或对英语水平达到一定标准的其他专业的教师进行英语培训，不断壮大双师型教师队伍，使他们成为支撑 ESP 教学的第一代教师。同时，高校英语教师和专业教师加强业务合作，进行跨学科合作教学，弥补彼此的不足，不断提高教师队伍的素质，逐步建立起一支专业知识和英语知识都过硬的 ESP 教师队伍。目前，高校与企业产学研结合不断加强，高校英语教师的操作技能和动手能力在这个过程中不断提高，对于学科专业知识、发展趋势和企业岗位实践的深入了解，再加上扎实的语言基础知识，为 ESP 教学打下基础。

大学英语教学应考虑学生的学习需求，将学习基础语言与学习专业语言结合起来，教学重心需要从 EGP 教学向 ESP 教学方向转移。运用 ESP 理论指导大学英语教学是一次大的革新，也是大学英语教学改革的现实需要。

二、英语教材的创新

（一）英语教材的概念

随着我国改革开放步伐的加快和中国加入 WTO，使用多年的这套教材反映出了内容陈旧和忽视对学习者交际能力的培养等问题。大学英语教材的发展呈现出一系列的特点。一方面，教材不断地系统化、层次化、精细化和考试化。大学英语教材的编写从最初全国理工科通用的大学英语教材，到各具特色的大学英语教材；从以大纲为主要依据的教材编写，到结合其他教育政策以及考试大纲的教材编写；从着重培养阅读能力的教材，到各种能力分层培养、各种能力同等重要的教材，这一系列发展变化与大学英语的发展、社会发展、学生英语水平的提高等是分不开的。另一方面，教材在内容、题材和体裁上发生了变化。经过几十年的发展，大学英语教材内容不断丰富，题材和体裁更加多样。逐渐地涵盖到社会生活的各个方面，在教材分层次、分能力训练的同时，也更加注重教材的体系性、整体性与一致性。

随着大学英语教学改革的推进，为了适应社会各界对大学生英语能力的要求，教育部颁布的《教学要求》对大学英语提出的教学目标为培养学生的英语综合应用能力。大学英语的改革导致大学英语教材的变化和教学系统的发展。《教学要求》对大学英语教材从编写到发行都产生了深远的影响。

（二）英语教材的开发要求

英语教学的跨文化转型对英语教材开发提出了新的要求，不仅要求英语教材符合外语教材的基本特征、基本编写原则，而且要求教材中的文化知识内容、教材的建设等均符合跨文化交际能力培养的要求。

1. 把握基本特征与原则

在英语教学的跨文化转型背景下，英语教材作为教学的主要载体，应该能够满足教师的教学需求，更重要的是能够满足学生的不同需求，能够潜移默化地丰富学生的文化知识，培养学生的文化素养，锻炼学生的自主学习能力、语言应用能力和跨文化交际能力。可见，切实将教材的编写与学生跨文化交际能力、实践创新能力的培养相融合并落到实处十分重要。具体而言，新时代的英语教材应具备以下几个基本特征。

第一，教学内容和语言对时代发展相吻合，能够反映快速发展和变化的时代。

第二，要梳理好专业知识、学科知识和语言训练之间的关系，并处理好它们之间的关系。

第三，教材不能局限于知识的传授，要着眼于对学生思维能力、鉴赏批评能力、文化能力和创新能力的培养。

第四，教学内容要重点突出，具有针对性和实用性。

第五，教材要能够与多媒体、网络等先进的教育技术相结合，并能充分利用这些教学手段。

就编写原则而言，英语教材的编写应遵循系统性原则、交际原则、认知原则、文化原则和情感原则。具体而言，英语教材应系统地介绍英语的基础语言知识和基本语言技能；英语教材中材料的选择和练习的设计要具有可操作性和实践性；英语教材中语言材料的编排和练习的设计要充分考虑英语学习的基本规律；英语教材中语言材料的选取要体现主流文化。

2. 弄清英语教材中的文化内容

英语教学的跨文化转型对英语教材的文化内容提出了相应的要求。大部分的教材都十分关注和重视对学生语言能力的培养，却忽视了对学生文化意识和跨文化交际能力的培养。实际上，英语教材应能够培养学生的实际交际能力，能帮助学生在实际生活中进行交际，教材中的文化内容应满足学生跨文化交际能力发展的需要。具体而言，英语教材的文化内容应体现以下特征。

第一，英语教材中的文化内容应体现国际性和跨文化特征，除了要涵盖英语国家的文化知识，还要包括丰富的国际性文化知识。在经济全球化和文化全球化背景下，英语已经成为一门世界性语言被人们广泛使用，越来越多并非以英语为第一语言的人们开始学习和使用英语，并试图和不同对象进行交际，因此英语教材中不仅要包含英语国家的文化背景知识，还要包含其他非英语国家的文化背景知识，也就是国际文化知识。

第二，英语教材的文化内容应覆盖面广，并且具有多样性，能够体现关于人本身、环境、生活方式、文化等方面的多样化知识，能够体现文化内容的核心，即价值观。

具体来讲，英语教材的文化内容应体现在以下几个方面。

首先，英语教材应具有真实意义，也就是说英语教材中应包含目的语国家的文学、艺术、音乐等内容。

其次，英语教材应具有社会意义，也就是说英语教材应反映目的语国家的习惯、家庭、娱乐等。

再次，英语教材应具有语义意义，也就是说英语教材应体现语言的概念系统。

最后，英语教材应具有社会语言意义，能够让学生了解社会地位、年龄等对语言的影响，并能够帮助学生熟悉不同的写作文体。

除此之外，英语教材应包含本民族文化知识，丰富学生的本民族语言和文化知识，帮助学生树立文化自信，使学生能够用英语传播本民族文化。

（三）英语教材的选择和使用

1. 英语教材的选择

随着英语教学的跨文化转型，现在的英语教学已经将跨文化能力的培养提升到了与语言能力培养同等重要的地位，在选择英语教材时就应对此加以注意，并体现这一理念。英语教材的选择应充分考虑跨文化交际能力培养的需要，在选用教材之前，教师和管理者应深入分析教材的优缺点，对教材进行全面评估，进而选择最佳的教材。

具体而言，在选择英语教材时，要充分考虑学生的学习动机、学习兴趣和语言水平；考虑所涉及的文化内容的广度以及系统性，注重文化信息和主题的呈现形式，注重文化传播的过程；考虑教材运用的实践性和可操作性；注重文化意识和跨文化交际能力的培养。当选择原版教材时，就要注意教材要满足教学实际的需要，也要考虑学生的语言能力和需要。

2. 英语教材的使用

课堂上如何使用教材，即如何保证学生、教材、教师之间的交互质量，对学生的文化学习和跨文化交际能力的培养起着重要的作用。

每一个教学环境都有其独特性，而且受多种因素的影响，如学生的学习动机、资源的可供性、课堂的动态性、教学大纲的限制等。为了更有效地开展教学，切实培养学生的跨文化交际能力，教师需要对教材进行必要的改编。具体而言，教师在使用教材过程中要具有一定的自主性、灵活性和创造性。教师在教学实践中以课本为主，同时辅助其他教学材料，也可以根据实际教学情况对教材进行必要的增减、改动和替代，科学、有效地使用教材。自主、灵活、创造性地使用教材具有显著的优势，即通过课本，教师可以获得课堂教学的通用框架，使教学有据可依；采用其他教学材料，可以弥补课本的不足；对教材进行必要的调整，能够有效满足学生的需要，也为多样性教学活动的开展和教学技术的运用提供了空间。

对此，教师除了要依据教学大纲、教学目标、学生需求使用核心教材，还要自主地、灵活地、有选择性地利用、整合其他各类教材内容和多媒体技术、网络资源、影视节目等课程资源，并且根据学生的实际情况和教学需要对这些资源进行改编、加工等，以激发学生的学习兴趣，为学生提供练习的机会，满足学生的学习需求。需要注意的是，教师在教材进行改编时，首先要对教材和教学环境有深入的了解，同时要充分考虑学生的实际情况，包括学生的学习动机、学习兴趣和学习风格等。

总体而言，教师在使用教材过程中，应不拘泥于课本，从实际情况出发，合理筛选、整合、利用教学资源，灵活、创造性地使用教材。

第五章 大学英语混合式教学模式与应用

第一节 大学英语混合式教学模式

随着时代的发展以及技术的进步,基于信息技术、网络技术的多种新型教学模式被应用到大学教学中,混合式教学就是其中一种。

一、大学英语混合式教学的内涵

严格来说,blended learning 不是一个新的概念,"blend"一词的意思是"混合",blended learning 的原有意义为混合学习或结合式学习,其说法在多年之前就已存在。

混合式教学的本质或核心可理解如下。

首先,它是通过以技术、信息和知识为基础的"学习"和"学习"过程来传递的。然而,在学习过程中选择合适的技能和培训时间对决定培训的质量和有效性很重要。

其次,混合式教育不仅是在线学习与面对面课堂学习的结合,更是多维度"教与学"的结合或融合。这些包括教育理论、教育模式、教育活动、学习设施、课堂学习环境、在线学习环境、教科书、学生服务等等。

再次,混合教育的关键是选择和优化"教与学"的所有要素,以实现"教"与"学"的目标,混合教育包括优化"教"与"学"的要素组合,以达到更好的效果。

最后,混合教育本身就是一种教育理念和策略,应该放在信息化、网络化的教育环境中。它包括不同的教学理论、不同的教学方法、不同的学习目标和学习环境,将不同的教育资源整合为一个整体,在教师与学生、学生与人与计算机之间是有效的,可以实现互动。

总之,混合教育的核心内容必须是不同的教学方法、教育资源、教育模式、教育媒体和学习环境的整合。在各种教育理论的指导下,课堂教育与网络学习环境有机地结合起来,具有主要的双重功能(学生为主体,教师为主导)和辅助功能(教育管理者)。在自主学习、自主学习、客户服务等方面应给予学生最大限度的个性化学习环境,以学生为中心的特点与传统教育的互动效益。

二、大学英语混合式教学的特征

总体上说，大学英语混合式教学有以下几个特点：

（一）动态性

由混合学习第一次出现到此后经历的几个阶段可以看出，混合式教学也随着时代和环境的改变而得到了不断完善和发展，其囊括的教学模式、教学方法、教学内容等越来越多样。

（二）多元性

由混合式教学的定义就能看出其多元的特征，其是教与学多种要素的整合，是多个教学维度的有机结合。另外，混合式教学的理论基础也是多元的，包括认知主义、行为主义、建构主义、社会文化理论、教育传播理论等理论。

（三）实用性

企业培训使得混合式教学得以产生。之后，开始有一些国家将其应用于教育领域。该领域的探索与实践研究表明，混合式教学是非常有效的教学方式。混合式教学的应用和研究领域极为广泛。

（四）时代性

教育国际化和信息化的一个必然产物就是混合式教学。在教育领域中，混合式教学的时代性备受关注。另外，随着科技的发展和教育技术的不断更新，混合式教学被赋予了新的科技内涵。

三、大学英语混合式教学的优势

（一）有利于及时反馈

在传统教学模式中，教师很难从学生那里得到全面、准确的反馈。在混合式教学模式下，教师通过相关软件平台，将线上线下的教学环境相结合，这能够为教师与学生提供全面、及时的教学反馈，帮助教师及时解决教学过程中产生的问题与学生存在的困惑，使教师不断提升教学效果与效率。

（二）有利于个性化学习

学生可以选择符合自己的个性化的学习方式，这样可以更好地激励学生，拓展他们的学习空间与实践空间。这是教学改革的潮流。同样，灵活选择也是一种深度学习，是一种创新的学习方法，能够帮助学生取得更好的成绩。

四、大学英语混合式教学的要素

（一）教学环境

教学环境即教与学发生和发展的环境系统，其会受到多种因素的制约。在信息化时代，教学环境也被赋予了新的内涵和特征。良好的学习环境可以激发、推动和强化学生的教学行为，有利于其掌握知识、巩固学习成果、施展个性和才能。所以，能否创设有效的教学环境直接关系着学生的整个学习活动。

（二）教学内容

当前，一些大学教师在教学中仍使用初高中的应试教学法，如向学生灌输知识、强迫学生死记硬背等。另外，一些教师为了满足学生今后的工作需要、考研需求等，强调知识的实际运用，但考试内容单一，考查内容浅显，忽视了学生的学习兴趣。因此，在信息化教学环境下，教学应适当增加考查学生思辨能力的教学内容，让他们在学习过程中能探讨、分析、推理或评价学习中的各种问题。另外，目前的教学过于侧重目的，忽视了对学生学习兴趣的培养，而最好的教学内容恰恰是兴趣，因此，教师在训练学生的发散性思维过程中，应该进一步挖掘问题背后的深层内容，使学生体验课堂外的学习兴趣。

（三）教学对象

对学生解决问题的能力进行培养是非常重要的，这样才能使其在工作中有能力处理很多问题。于是，提高学生的各种生活技能成了大学教学的一个重要目标。不论对个人，还是国家，培养大学生的思辨能力都是极为重要的。

五、大学英语混合式教学的步骤

大学英语混合式教学大致分为以下三个阶段：

（一）课前阶段

在采用混合式教学模式展开教学时，教师在授课之前要针对具体的教学内容和学生的学习情况选择切合的课程资源，并且结合实际情况设计能够培养学生自主学习能力的学习任务，以充分利用教材和网络课程资源。通过一些网络平台，教师可以将教材中所涉及的学习计划、学习目标、学习重点、学习难点、学习主题等相应的预习内容和学习任务等及时发到学生手中，学生可以根据任务的要求通过不同的方式，如个人独立思考、小组讨论等，有效地获取知识背景，高效地完成预习任务，而且在这一过程中，学生的自主学习能力也会相应提高。在这一阶段，教师可以利用自主式的学习平台，充分实现师生之间的互动，为学生提供有效的在线咨询，为学生答疑解惑，向学生提供有针对性的辅导和帮助，进而切实提高学生的自主探究精神和自主学习能力。

（二）课堂阶段

在课堂阶段，主要从以下几个步骤着手：

首先，教师对学生课前预习的完成情况进行检查和分析，重点指出相关问题。

其次，运用多媒体创设富有情境化的教学内容，进一步提出问题，引发学生积极思考，进一步激发学生的探究意识。

再次，教师结合教学实际情况和单元主题，设计相应的学习任务，鼓励学生积极讨论，也可以通过情景对话、角色扮演等方式，促使学生主动参与课堂教学活动。

最后，教师鼓励和引导学生进行总结和反思，可以让学生进行自评或互评，进而总结学习内容，激发学生的学习动机和自主探究精神，巩固学习知识，同时提升协作互助意识和应用能力。

（三）课后阶段

在课后阶段，教师可以通过混合式教学进一步补充相应的学习材料，有效拓宽学生的视野，加深学生对所学知识的理解和掌握程度。在课后，学生也可以利用网络平台寻找相应的复习资料，进一步巩固学习成果，增加练习的实践，扩大知识范围，更好地完成相应的学习任务。课后巩固延伸了课堂教学的空间，能够显著培养学生的自主学习能力，也能够为学生养成终身的学习习惯打好基础。

六、大学英语混合式教学的策略

（一）完善支持框架

有学者在研究中指出，教育机构应该为混合式教学提供支持框架，以确保混合式教学的实施。这个框架包括战略、结构、支持三个维度。大学需要从宣传、基础设施、规划、管理、评估、专业发展、激励制度等十方面予以支持。在混合式教学改革推进中，大学要做到以下几方面：

第一，从战略思想上对混合式教学改革给予高度重视，加大宣传和投入，尽可能升级服务器、带宽和其他基础设施功能，不断完善在线教学资源平台以满足混合式教学的硬件需求。

第二，积极鼓励教师进行混合式教学改革尝试，为教师提供高质量的、专业的混合式教学技能培训，帮助教师组建专业发展共同体，为其开展教学工作提供学习、交流、互助的平台。

（二）宏观设计混合课程

1. 宏观布局课程

由于混合式教学模式包罗万象，因此，为了保证教学目标和学习效率，必须提前进行宏观布局。

第一，以教学目标为主中心点、以重点知识为次中心点进行布局。教学目标决定了重点知识的排序，重点知识决定了时间和资源的分配排序。通过这样的方式将时间、资源、课程进行合理安排，形成教学指导。

第二，制订单个知识点的教学安排。对于每一个知识点，教师都应有清晰的教学安排，例如如何预习、如何组织教学和学生学习、如何复习及如何考核等。

2. 精准定位资源

在完成宏观布局时，我们对需要学习的知识点及每个知识点的学习投入都有清晰的了解，在此基础上，我们需要精确定位教学资源，从而保证教学效果。

七、大学英语混合式教学的培养目标与设计要求

（一）大学英语混合式教学的培养目标

1. 合作能力

（1）有利于更好地融入社会。在经济全球化的发展模式下，国家之间、民族之间以及人与人之间都必须要建立良好的合作关系，这样既有利于稳固世界各国外交关系的和谐，对于解决共同的问题也有着显著意义，同时有利于国内经济发展的有序进行，而大学生是国家发展的生力军，是支撑国家持续发展的重要力量，因此，提升大学生的合作意识、加强大学生的合作能力是非常有必要的。

（2）有利于院校和谐氛围的构建。院校和谐氛围的构建，要求在校教师能够从大学生的角度出发思考问题，关注大学生的日常生活、尊重每位大学生的个性化思想，并充分挖掘大学生的个人潜力，同时积极促进学生与学生之间建立起良好的合作关系。由此可见，加强大学生合作能力有利于院校和谐氛围的构建。

2. 创新能力

创新意识所反映的是创新活动的内部心理倾向。具有创新意识的人往往具有强烈的好奇心、求知欲、怀疑感，同时，创新需求比较大，还具有很强的思维独立性。创新意识是创新心理素质形成的重要基础。

在思维、个性方面的创新属于创新意识的范畴，批判、求异方面的思维以及好奇和兴趣、独立与独创、自觉与果断、自制与毅力、自信与自尊、怀疑与求真也都属于创新意识的范畴。创新意识的形成并不是一蹴而就的，而是会受到多种因素的影响和制约，比如学习压力、抑郁和焦虑等。在培养和建立创新意识时，首先要具备一定的创新敏感度、创造创新张力。这是创新意识形成的重要基础条件。

创新能力就是达到创新目的所涉及的相关能力的总称。这些具有创造性的能力主要涉及观察能力、思维能力和实践能力等。对个体创新能力的衡量标准主要有知识储备量、知识结构、理性思维、逻辑思维、好奇心、求知欲、动机、意识、意志、注意力、观察力、分析力等。创新能力的形成受到多种因素的影响，其中，影响力较大的有学习压力、抑郁、适应能力等。创新意识是创新能力形成的前提，主要受创新意识的支配和强化，同样，创新意识的增强也会反作用于创新能力。

创新是社会发展和人类进步的动力。而对大学生来说，创新能够使学生的思维更加活跃，在今后的工作中，也能够以创新思维去对待工作，将工作做得更加完善细致，满足社会发展的需要，推动社会的进步和发展。大学生是国家发展的主力军，也是推动国家进步发展的新生力量。未来的国家和社会是创新型的，在大学英语混合式教学模式下培养学生的创新能力是国家的需要，也是社会发展的需要。

（二）大学英语混合式教学的设计要求

1. 教学环境要求

（1）创建媒体化课程教学环境。将媒体化教学环境应用于课程教学中具有重要意义。在课程教学中，以传统教室为基础，有机组合诸多类型的教学媒体，通过屏幕投影，将生动形象的多媒体教学信息，如图片、视频、音频等直观地呈现给学生，以优化教学过程，提高教学效果。

多媒体教室（多功能教室、多媒体综合教室、多媒体演示教室）是课程教学中运用最多的一类媒体化教学环境，也是比较新型的课堂教学系统之一，它集中了很多现代化的教学设备，教师在课堂上运用这些教学设备资源将丰富的教学内容直观地呈现出来，使学生更加直观地掌握教学内容，并加深对所学内容的记忆。

多媒体教室的教学功能有很多，下面结合课程教学，列举其中几个主要功能：

第一，常规教学。不管是传统的常规教学，还是多媒体教学，都可以在多媒体教室完成，这是多媒体教室综合性特征的重要体现。

第二，课堂演示教学。教学内容可以通过多媒体教室的教学设备而被投影到清晰的大屏幕上，以便学生直观地观察、学习，比赛场景或某个具体的项目动作等也可以通过多媒体系统来模拟演示。

教师通过这种方法直观明了地向学生传递教学信息，学生的感官受到刺激，学习兴趣自然就会提升，课堂教学效果与教学质量也会因此得到提高。

第三，对教学信息与资料进行搜索。学校的多媒体教室一般是连接网络的，有的还与校园网相连，教师可以在课堂教学中根据教学需要直接搜索所需资料，这能够为教师的教学活动与学生的学习活动提供便利，节约课堂时间，提高课堂教学效率。

第四，各种教学课件和软件的播放。教师可利用多媒体教学设备播放提前准备好的多媒体教学软件（VCD、CD 光盘等），从而使课堂教学效果得到强化与优化。

（2）创建网络化课程教学环境。信息化教学的开展也离不开网络化教学环境的支持。教师将网络通信技术、计算机技术充分利用起来，通过文本、信息交互技术、影像等丰富的信息媒体资源向学生传递重要的教学信息与资源，促进学生更好地进行自主学习与合作学习，提高课堂双向互动交流的效率和学生的学习效率。常见的网络化教学环境主要有多媒体网络教室、校园网、网络教学平台、远程教育网等。下面结合课程教学，主要分析多媒体网络教室。

目前来看，多媒体网络教室（多媒体网络机房、计算机网络教室）作为一种新兴的网络教学系统，在我国各类学校的应用非常广泛，大中小学普遍会用到多媒体网络教室。多媒体网络教室属于小型教学网络，由若干台多媒体计算机及相关网络设备互联而成，可以将其作为计算机机房使用，也可以作为多媒体演示室、视听室、语音室使用，这是多媒体网络教室的功能及应用形态的主要表现。在使用多媒体网络教室时，必然离不开现代网络技术和多媒体技术的支持。多媒体网络教室在课程教学中的具体应用及功效主要表现在以下几个方面：

①优化教学结构，使学生有更多的实践机会。在课堂教学中，多媒体网络教室的软件可作为辅助教学手段，如教师口头讲解时，可用语音对话；示范动作时，可播放图片或视频，使学生看得更清楚。多媒体网络教室的设备还有监控功能，当学生自主学习时，教师可以检查学生的学习情况，发现其中的问题，从而对教学过程进行更合理的调控。如果学生在听讲或自主学习中有疑问，可利用电子举手功能向教师提问。教师可以利用辅导答疑功能来对学生进行个别指导，有针对性地解决学生在学习中遇到的个别问题。另外，教师还可以组织学生交流经验，讨论问题，对于普遍存在的共性问题集体进行处理。这样可以在一个整体的系统中将诸多环节联系起来，使课堂教学结构更加优化，而且学生在交互式的环境下有更多的机会去实践，学习效果会有所提高。

②丰富教学内容，提高课堂效率。教师制作多媒体课时，要以教学目标、教学内容及教学需要等为依据而进行，在课件制作中分类建库，分类储备各种教学资料，如教案、图片、实验用具等，以便在课堂教学中快速调用这些准备好的资源。多媒体网络教室集图书室、资料室、实验室于一体，与互联网连接，在课堂教学中，教师可以获得教学所需的资源信息或校园网上的共享资源，借助丰富的教学资源来创设教学情境，使教学时空进一步拓宽，这也有助于调节课堂氛围，达到既轻松愉悦，又可以保持适度紧张的教学效果。学生利用学习机也可以实现学习资源的共享，在获得这些资源的基础上充分发挥主体作用。

这种教学方式具有高密度、高效率的优势，可提高课堂教学效率。

③丰富教学内容的表现形式。多媒体信息符号的表现形式有很多，如文本、图形、图像、动画、音频、视频等，这些常见的信息形式经过计算机的集成处理构成了多媒体信息结合体。在网络教室环境中，可以用很多种形式来呈现多媒体信息，教师要选择最合适、最有效的表现形式来传授教学内容，例如，可以单独使用某种表现形式来传递信息，也可以将多种表现形式结合起来传递教学信息，从而达到抽象理论形象化、静态知识动态化的效果，这有助于激发学生的学习兴趣，促进其学习能力及多元智能的培养。

④可优化组合多种教学形式。在课程教学中，教师可将本校服务器中的多媒体教学软件结合起来进行全面教学，学生在自主学习中也可以对学校服务器中的学习资源自由访问，从而提高自主学习能力。另外，教师与学生查询与运用网上资源都可以达到实时获取的效果，这有助于师生之间以某个特定主题或教学任务为中心而展开互动，通过讨论室进行讨论，从而快速完成教学任务，使学生全面理解问题，这也为课堂中小组合作学习、自主探究学习以及讨论协商学习等多种学习形式的优化组合运用提供了方便。

2. 教学内容要求

（1）创设情境，使学生在真实情境中掌握和运用知识。在传统教学中，往往从具体情境中将知识抽离出来，抽离出来的知识是抽象性的、概括性的，虽然这样可以将具体情境中的"本质"内容（概念、规则、原理等）体现出来，但知识运用的具体性与情境性却被忽视了；这样虽然学生掌握了知识，但是在具体的任务情境中或遇到现实问题时无法运用所学知识，学习结果无法顺利融入现实。要使学生在建构层面掌握所学知识，深刻理解知识表面所隐含的性质、规律及相关关系，最好为学生创造真实或接近真实的情境，使学生在亲身参与中去感受、体会，获取直接经验，而不是从教师的口头讲解中去获取。

对此，在大学英语混合式教学中，教师要注重对真实问题情境的创设或对真实任务的设计，使学生尽可能在真实的情境中完成所有学习活动。

这里要注意一点：真实情境与现实情境不同，不一定要真实客观存在。情境有很多种类型，如基于学校的情境、基于自然或社会生活的情境、虚拟的情境、现实的情境等，在课堂教学中不管是创设哪种类型的情境，都只有一个原则，就是使学生能够经历类似真实世界的认知挑战。

（2）利用学习资源为学生的自主学习和协作学习提供支持。在大学英语混合式教学中，要将丰富多彩的信息化学习资源提供给学生，并在学生获取学习资源、分析处理学习资源、编辑加工学习资源的过程中提供引导与帮助，从而为学生探索学习、分析解决学习中的问题提供支持。有些学生对信息化学习资源不熟悉，也不习惯运用，对此，教师要加强对信息化资源的普及，不断鼓励学生使用信息化资源，使学生充分认识到这些学习资源给其自主学习带来的便捷与好处，然后借助现代信息化学习资源更好地进行自主学习、合作学习。

（3）为学生提供有效引导和支持。大学英语混合式教学强调学生充分发挥自身的主体作用，主动学习、主动探索，但因为学生的知识结构比较单一，认识水平比较低，也缺乏实践经验，所以在自主学习英语的过程中，教师也要适当进行指导，在关键时刻给予学生帮助，如为学生提供丰富的学习资源、反复示范正确的技术动作、为学生提供咨询服务、创设问题情境启发学生思考与探索等，对于那些自我调控能力差的学生，尤其要给予引导和帮助，以免学生因不熟悉新的内容或在学习中受挫而消极被动学习，影响学习效果。

（4）强调协作学习。大学英语混合式教学强调教师要重视设计协作学习方式，具体包括学生之间的协作、师生之间的协作、学生与他人之间的协作、各主体之间面对面的协作以及在计算机信息技术支持下的信息化协作等。由于协作学习不仅是学生发展的需要，还是社会发展的需要，因此信息化教学设计特别强调协作学习。现在，社会分工的细化趋势越来越明显，知识增长也极为迅速，需要协作配合才能完成的工作越来越多，在现代人才的评价中，将协作意识与合作能力作为一个重要的判断标准。

从学生方面来看，不同的学生有不同的成长经历和知识经验。面对同一知识或问题，不同学生的理解可能不同，学生个人的理解可能存在局限性，或者说比较片面、肤浅、不充分、不完善，也有可能是错误的。而通过协作学习，学生之间相互沟通交流，每个学生都能充分表达自己的看法与见解，同时听取他人的不同看法，使自己的理解比之前更充分、全面、深刻。

（5）在学习和研究活动中将"解决问题"和"任务驱动"作为主线。大学英语混合式教学强调不要将学习孤立看待，而要将其与更多的问题、任务联系起来，以"解决问题"和"任务驱动"为主线进行学习,学生主动进入真实的问题情境或人物情境中,以完成学习任务,解决学习问题。教师在教学设计中要多鼓励学生结合现实生活探究学习相关问题,将学生的高水平思维激发出来,培养学生的高级思维能力。很多学习任务与学习问题背后都隐含着丰富的知识与技能,学生在自主学习或合作学习中探索这些知识与技能,在探索中逐渐掌握并学会运用这些知识与技能,这有助于提高学生的探索能力。

(6)强调面向学习过程的质性评价。大学教学设计在习惯上将简单的知识与技能作为评价学生学习成果的唯一标准,这在大学英语混合式教学设计中是不允许的。大学英语混合式教学强调在教学评价中应将师生在课程教学中的所有情况考虑在内,强调在真实的评价情境下进行评价,主张凡是具有教育意义的过程与结果,不论其是否符合预定目标都应该对其进行恰当的评价。此外,大学英语混合式教学评价还强调对学生学习能力的评价,即通过其在整个学习过程中的学习行为来评价其学习能力的变化发展,最后做一个评估报告,将其作为改进教学与进一步培育学生学习能力的依据。

八、互联网视角下大学英语混合式教学的优化

混合型大学英语教学的参与者没有很好地理解,师生素质参差不齐。针对这些问题,结合动机分析,提出一些改进的方法。

(一)转变教学理念、构建大学英语混合式教学共同体

在网络环境下,为了提高大学英语混合教学的效果,一方面,要做到所有的参与者都认识到大学英语混合教学的重要性。随着时间的推移,教师必须转变职能,提高自身素质。学生改变思维,提高学习热情。学校重视混合教育,完善教学设施。另一方面,要做到所有参与者,包括学校、教师和学生,都建立一个大学英语教学的混合社区,并能够互动、合作和自主研究,从而成为混合教育社区的核心要素。实现三者之间的有效沟通、反馈和持续改进,是构建混合教育共同体的关键。

1. 教师转变教学理念,提升自身专业素质

在学校的英语合作教育中,教师是传授者。因此,教育的各个环节都必须围绕学生的学习需求和教育目标来实现。上课前,教师必须为学生提供丰富多彩的教学方法。在课堂上,教师应科学设计教学的目标,组织学生小组讨论,帮助他们学习和理解英语。教师应表现出灵活性和变化,采用混合教育模式。所以,在实际的英语教学中,教师需要根据不同的教学职业灵活地选择多种教学方法,以达到最佳的教学效果。

随着信息技术的发展,在"互联网"的大背景下,教师的角色也随着信息技术的发展而变得更加多元化。教师既是非正式教育的组织者,又是非正式学习的引导者、信息资源的开发者和使用者,既是信息教育的设计者,又是学习评价者。教师要适应时代的发展,提高教育的实效性,除了解惑外,还要尽快转变观念,加强学习,提高专业技能。

2. 提高学生的主动性、激发其学习兴趣

学生的主动性和兴趣在联合英语教学中非常重要。很多大学生英语基础薄弱,缺乏自

主学习能力。还一些学生认为学习英语毫无用处。我们想要改变"无用英语"的概念，要创建适当的学习障碍。分析英语市场的需求以及英语对于与他们一起工作和生活的学生的重要性。其次，它激发了学生的学习兴趣。最后，教师需要将课堂内容与网络资源结合起来，以根据其"以学生为中心"的目标和能力真正地教给学生。具体可从这三个方面去做。

（1）增加学习自由时间和内容的百分比，并实施管理计划和任务评估。在教育之初，我们可以通过有针对性的方法和系统的教育计划，对学生的技能和需求进行调查和分析。

（2）在制订教育计划时，必须牢记"以学生为中心"的原则。

（3）培养学生的自主学习的能力。传授教育网络部分具有时空的灵活性和整合性，对学生的自我意识要求很高，对学生的自我控制和自我管理是一个巨大的挑战，尤其是面对枯燥的知识和未经训练的环境。学生很难在其他外在事物的诱惑下专心学习。学习效率低。与传统的教学方法相比，网络教育对学生提出了更高的要求。除了合理规划自己的时间外，还要根据学生的任务安排和，制订科学的学习计划，确保充分管理学习时间，顺利完成学业。

（二）完善大学英语混合式教学设施和教学资源库

专业功能信息技术和创新技能已经成为大学生的三大目标。在这个数据丰富的时代，提高教师的信息化水平。实现高层次人力资源开发目标的关键是人的发展。

1. 创造数字化教学环境，完善大学英语混合式教学平台

在互联网环境下，教师需要一个开放、可靠、知识丰富的信息平台，这样教师与学生才能一起在大学里学习英语。所以教师需要修一门新的智能课。它是一种集多媒体教室、计算机教室、微型教室、电视台于一体的新型教育环境下的技能。校园、录音和广播，主要是可播放的一体机（或电子版）、无线网络、虚拟抠像技术、平板电脑、桌面云、学习聊天代码、数码相机、学校教育平台，包括铃声、教学资源库，依托虚拟在线和外部仿真系统。电子端口板、传输系统等设备和技术服务系统为师生解决教学难题，推进学校教育改革和创新，实现教育、学习、考试、实践、评估的智能融合。

2. 促进资源共享，丰富大学英语混合式教学资源

优秀的教育资源也是 BEM 教育的基础。成功的 BEM 学校必须投入更多的教育资源和丰富他们的教育内容。在我国大学的混合教育，信息教育资源相对丰富和灵活，资源共享更方便。学校必须提供更多的资源和教学方法。

混合英语教学是在线和离线教学的结合，教学方法和资源的更新较快，在这方面，大学之间教育资源的互动和交流尤为重要：第一，建立专门知识的数据库；第二，为交流教育和科研资源创造平台；第三，英语学校可以组织各种讲座，主题讨论和其他选修活动，以低成本促进大学英语学习。

(三) 优化大学英语混合式教学的管理制度

1. 建立大学英语混合式教学的教师队伍培训制度

混合英语教学法已被全国乃至全世界的许多教师所认可，但是，有些教师不熟练使用混合教学法，因此，校内外定期培训可以使教师更有效、更方便地获取新信息，更好地理解新方法。进一步扩大教师的成长空间。在学校，组织一些新教师来观察示范教学课程，培养一部分混合教学教师。通过这些老师的推动进一步扩大培训范围。

观察和示范课程有助于教师更好地了解教学经验，并提高教育管理水平，虽然通过科学和相关的研讨会，教师可以充分参与课外活动。教师可以通过参加其他学校教学活动和与其他教师交流，更好地了解外部环境。在建立这种培训机制时，必须考虑到以下方面：第一方面，培训机制必须系统。第二方面，培训要以一个有计划的和目标明确的方式进行。

2. 建立合理的大学英语混合式教学的规章制度

一方面，有必要澄清大学英语教育混合管理的共同目标和任务，以建立一个自上而下的教育管理系统，确保此类教育的有序运作。在确定单一目标时，应注意以下方面：第一方面，合并大学英语混合课程。第二方面，在英语混合教育中，对在线和离线教育联系的组织和管理。第三方面，组织和统一管理大学教育的各个环节。第四方面，大学混合教育的日常管理合并。

另一方面，建立统一的大学英语混合教育管理规章制度。大学英语联合教学虽然在教学实施上更自由一些，但"自由"并不是说无视规章制度。相反，大学英语混合教学作为一门语言教学学科，其实现教学目标的途径和手段较多，因此，建立规范的大学英语混合教学管理制度显得尤为迫切。在制定规则时应注意以下方面：第一方面，我国大学混合教育的规则和条例的设计应适应当地的条件。第二方面，为高校建立合理的网上学习管理系统；第三方面，通过建立规章制度，实现任务和制度的单元化，有效地将大学英语混合教学中的线下教学与在线教学相结合。

3. 建立统一的大学英语混合式教学多元化评价体系

教育评估制度不仅包括学生的评估，还包括对整个教育系统的评估，如目标、任务、规章制度、教育实施、教学效果等诸多方面。大学英语混合教育不仅涵盖传统教育评估的所有方面，还提出了评估实施程度的要求，如通信和组织。由于学习模式是在线和离线的组合，其有很高的教学效果评价要求。培训系统和实施过程更复杂和更灵活。由于评价的复杂性和多样性，大学英语混合教育评价制度的特点如下：多样性；需要评估；评价内容的多样性；评价工具和方法的多样性；评价标准的多样性。

多层次评价体系是形成英语混合大学教育共同体的重要组成部分。它不仅是评价培训效果的手段，也是提高培训质量的重要数据来源。构建多边评估体系应特别注意以下四个方面：第一方面，评估体系应包括会前预习、课堂评估和会后复习三个阶段。第二方面，评价体系需要一个动态的反馈机制。第三方面，评价体系不仅需要考查成绩，更需要考查对学习的兴趣。第四方面,必须建立一个评估系统,以适当调整的课程设置。

第二节 大学英语混合式教学模式的应用

一、数字技术在大学英语混合式教学模式中的应用

(一) 数字技术在教育领域中的运用层面

1. 课堂教学层面

数字技术可以帮助教师更好地管理课堂,使用数字空间和文本来组织信息和教学内容。它还可以加强学生和教师之间的交流和互动,并使学习者能够继续在线学习。

2. 课后学习层面

课堂上所学到的知识并不能单凭记忆就能完全掌握,而是需要在课后中加以应用、综合、复习和思考,来深入理解所学内容,并把它运用到日常生活中,从而大大提高自身能力。

数字技术的出现可以为这一过程提供更多的便利和资源,支持学生与老师之间的互动与沟通,提升学习的交流效率。这些功能都可以通过数字技术来实现,为学生在课后学习提供更多的便利和资源,提高课后学习效果。

3. 资源整合层面

数字技术在教育领域中的最为突出的是表现在资源整合方面,传统的线上教学诸如多媒体、视频教学等,本质上是教学内容信息展示方式的变化,并没有真正体现数字技术的核心。

数字技术在教学资源整合方面的主要表现为智能化、规范化,改变了从传统的散状网络资源整合到面状资源集合。从传统的数据检索变为端口融合,从而帮助用户提高对信息的控制能力,为教育领域在资源方面提供更多的保障。

4. 学习方式培养层面

数字技术可以实现对学生学习过程的全方位监控并给予个性化的帮助,以培养学生的自我学习能力。通过数字技术,可以构建一个更智能、更联系、更高效的学习环境,此环境的构建会使数字技术在教育领域中的作用更加凸显。

数字技术可以建立虚拟的学习环境,例如通过实时视频和语音分享功能,学生可以与老师和他人在线交流。高校教师可以在虚拟课堂中管理课堂,增强学生的联络感和参与性。通过数字技术,可以合理利用媒体,提高课堂的互动性,能够为学生的学习方式培养提供更多的有益条件。

(二) 数字技术赋能大学英语混合式教学模式构建

1. 运用数字技术对大学英语混合式教学模式进行设计

随着教育教学改革的逐步深入,原有的教学体系及教学方式已不能满足大学英语课程

教学的人才培养需求。针对基于建构主义理论的英语教学，越来越多的学者接受并践行课堂的"双主理念"——教师的主导作用及学生的主体作用。

在课堂的发展中，如果只是注重教师或学生其中一个的作用，即老师说了都算，或者以学生为主体的地位都会使教学的发展失衡。过度注重以教师为主导，会造成学生的填鸭式学习和被动式学习，不会有利于人才的创造性培养，而过分强调以学生为主体，则会牺牲学生的学习态度效率和效果等方面的有效监督，这样会妨碍教育目标的达成，甚至背离教育目标，由此，这里以双主理念运用数字技术设计了关于大学英语课程的混合式教学模式。

2. 利用互联网资源加强英语学习资源库建设

教师行为中课程准备需要确定资源，所以强大的数字资源库是双主理念下混合式教学模式构建的前提。由于当前高校教师在线上教学或者线下教学也会进行一定的课程资源整合，但是其整合方式在一定程度上缺乏规范性，因为课程资源的获取主要途径是互联网网站，信息来源错综复杂，知识点的科学性有待考究，同专业的不同教师获取资源的途径相差很大，在教学效果上也会出现差异。

所以，确定资源必须要建立于标准化、充分化、便捷化三个前提，标准化需要在标准的前提下来确定资源。例如，可以把英语语法设置为数据库的核心，并通过从语法文本、测试和在线讨论中收集信息，来建立一个完整的英语语法学习数据库。由于现在有太多高质量的语法文本，测试和讨论可以在网上获得，因此可以把这个数据库构建得更加完整，并让学习者从中获得更多的帮助。利用互联网，学生还可以参加在线英语课程，阅读英语文章，听英语播客，参加英语论坛等，以提高英语学习效果，并帮助学生更好地理解英语语法、词汇和文化背景。最后，将所有这些资源整理进一个完整的英语学习资料库，就可以更有效地帮助学生完成学习。

充分化则需要在互联网中收集到大量学习资源。例如，在很多网站、博客、论坛和视频中，都含有帮助学生学习英语的内容。人们也会在一些社区里分享技巧，提出问题，并给出有关如何提高英语能力的建议。在许多图书馆会提供音频和视频记录，可以帮助提高发音和语法。而利用这些互联网资源就可以建立一个全面的英语学习资源数据库，使学生可以充分利用这些资源，加快掌握英语知识，增强语言能力。

便捷化则是在满足高校师生的各种需求的同时，也要尽可能地便捷化以使用更加方便。而建立一个完整的英语学习资源库则能够对高校师生的各种需求进行便捷化，资源库可以让学生使用在线资源时节省时间，而且可以让学习者更加方便地获取有用的信息。学习资源库可以更好地管理和分享这些信息，以便于更多的人更有效地获取和学习英语。使用英语学习资料库可以使学生更有信心、更容易提升英语水平。总之，利用互联网资源建立完整的英语学习资料库，可以为教育提供更多的便捷，促进英语教学的进步。

3. 利用移动学习应用程序来提升学生的学习体验

随着科技的发展，移动学习应用程序可以帮助学生更好地掌握课程内容，并有效提升他们的学习效率。有助于将学习体验转变为一种有效的探索过程，让学生在获取新知识的同时建立自信心，积极思考和应对挑战的能力。

移动学习应用程序可以实时向学生推送相关学习资源，更新最新的课程内容，因此可以减少学习的无聊和困惑，提高学生的学习体验。移动学习应用程序能够利用互动式游戏式教学方法，帮助学生更好地理解课程内容，激发学生的学习动机，在探索．实践和表达思想方面取得更好的成绩。

移动学习应用程序可以通过游戏化的方式让学生更加有趣、更加具有吸引力地接收信息，并学会如何使用工具来完成任务。既能提供快速、有效的学习方法，又能开发学生的个人技能，从而有助于学生取得更好的成绩。它拥有独特的定位和推送系统，可以根据学生的需求向他们推送有关课程和学习资源的信息，从而让学习者有更多的时间去积极思考，提出问题和思考如何运用知识解决问题。通过使用移动学习应用程序，可以大大提高学生的学习体验，让学生更有效地掌握课程中的知识。

利用移动学习应用程序提升学生的学习体验是一个多维度的过程，可以帮助学生有效地掌握课程内容，获得新知识，增强自信心，并且增进他们对学科的兴趣。

4. 健全教学反馈与评价机制

教师在使用混合式教学模式的过程中，对学习者的学习成果进行反馈与评价是非常重要的一个环节，反馈能够帮助教师了解学习者所学知识的掌握情况，从而及时调整教学内容，提高教学质量，保证学习者能够更好地理解和掌握知识，并不断推进自身的学习进度。通过及时有效的评价，可以清晰准确地了解学生的学习情况，从而更加有针对性地调整课程教学策略和措施，以促进学生的学习成果，进而为学生的良好发展提供更优质的条件。

教师要及时对学习者的学习情况反馈评价，指出学习者的不足之处，使学习者能够把握学习节奏，及时改正和补充知识，努力实现学习目标。将数字技术赋能大学英语混合式教学模式构建得成功，离不开教师和学生的共同努力，既要有学生对于新的数字技术的应用，也有教师对数字技术的不断应用创新，这样既可以促进"双主理念"，也能够更好地利用数字技术赋能大学英语混合式教学模式的构建。

教师及时对学习者的学习成果进行反馈并进行评价，能够更好地推动学习者的全方位发展，最大限度地提高学习效果。混合式教学模式中运用数字技术的创新形式和手段，可以为学习者提供实用性和创造性的学习机会，推动教师与学生之间的深入交流，从而促进师生互动、生生互动、人机互动的教学方式。

（三）将数字技术赋能大学英语混合式教学模式构建的益处

将数字技术融入大学英语课程的混合式教学模式，使一些抽象概念变得更具可视化，以帮助学生更好地理解、消化，从而提高学习的效率。它还能在没有老师指导的情况下实现异步学习，也可以让学生在自己的时间和心情所允许的情况下掌握内容。

混合式教学模式将会让课堂环境更有吸引力，让学生能够更有效地将课堂的内容转化为实践能力。通过这种模式，老师能够深入分析学生的学习情况并提供更详细的反馈，以帮助学生改进自己的技能和知识水平。根据学生的节奏灵活调整教学内容，从而能够有效提高学生的学习效率和学习成绩。

将数字技术赋能大学英语混合式教学会有助于提高教学的管理质量。通过课程设计、授课计划、教学内容编制等工具，提升教师的素质与教学能力，以期构建一个多元、充满活力的学习环境，推动课程质量的进一步提升，从而实现高水平人才培养。

数字技术赋能大学英语混合式教学设计是在大学英语课程中融入数字技术元素，以实现英语学习者深度参与和互动体验的一种新型教学模式。这种教学模式可以帮助学习者围绕重点内容进行深入的理解和探索，同时也能够使学习者更加专业地掌握数字技术。智能化的数字技术为大学英语混合式教学模式带来了前所未有的可能性。这种在流动性、多样性和互动性上有优势的模式风靡了许多高校，并且在不久的将来必然会改变传统的教育方式。

在提高教学质量和效率中，应该积极利用数字化技术的力量，搭建以数字技术为核心的混合式教学模式，这样可以更好地培养学生的实践能力。高校需要积极地改造教育方式，将新兴数字技术融入大学英语课堂里，努力实现教育普及、精品教育的全面提升。通过把新型数字技术与传统教育方式相结合，实现科学的教学模式和更高效的学习方式，可望实现智能化、个性化的混合式教学，成就更加优秀的未来。

二、基于"雨课堂"的混合式教学模式在大学英语教学中的应用

（一）"雨课堂"

1."雨课堂"的概念

"雨课堂"是学堂在线与清华大学在线教育办公室共同研发并于2016年推出的一种免费智慧教学工具，是一项新的研究成果。"雨课堂"研发旨在通过连接师生的智能移动终端，全面更新课前、课中、课后的学习体验，实现师生之间的分层实时互动。在系统软件中，可以看到"雨课堂"由远程服务器、智能手机和计算机终端组成。其中第一个保证了整个系统的运行，以及对教育数据的采集、存储和分析、决策等。"雨课堂"可以看作是一个内置在PowerPoint中的模块，所有功能都是基于PPT和软件之间的链接，并扫描二维码来提供PPT和课堂之间的链接，"雨课堂"在一定程度上符合教师的需求和习惯，其便捷性和无障碍性降低了师生使用教育工具的门槛。

2."雨课堂"的特点与功能

"雨课堂"类似于一套智能学习工具，允许教师根据自己的学习需要从中选择工具，从而有助于课堂学习。"雨课堂"通过所具备的功能将课前、课中、课后三个环节的有机衔接，为学习过程提供了全新的互动体验。根据教育需要，精心规划教材，确保课堂上的传统学习和在线学习有机结合。"雨课堂"可以执行资源推送、发布公告、管理教室、组织和评估教育等功能。

（1）资源推送。作为课程的一部分，教师可以教授和加强教学材料。教师可以通过手机、或电脑终端直接发送照片、视频（链接到资源）来编辑 PPT（带视频的课堂）和链接到互联网的视频、音频、动画等。同时，手机课件还可以包括单选练习题、多选练习题、投票、填空题和主观题，教师可以在任何 PPT 页面上随附语音讲解。"雨课堂"支持重大资源配置，能有效支持学生的学前和课后活动。"雨课堂"会根据收到的课前课后的预习、复习数据自动反馈给教师，老师可以根据这些反馈，把典型问题收集起来，以此作为依据调整学习计划。

（2）发布公告。教师可以在教室里张贴文本、照片、文件、参考资料等。教师也可以通过在网站上发布文章、视频和云文件，通过电脑"群发信息"向班级发送通知。公告以"通知"的形式发布在每个学生的微通道上，让学生实时阅读老师发布的教育动态信息。

（3）班级管理。"雨课堂"有扫码签到的功能，学生通过扫描代码或输入班级的密码，进入课堂。他们第一次进入教室后，老师可以在教室里进行扫描。通过移动类动态"快速浏览教室的人数和参与互动的人数"。

（4）组织活动。"雨课堂"提供"不懂反馈""随堂限时测试""弹幕互动""随机点名""附图投稿""收发红包"等功能，教师可根据学习需要合理组织活动，及时接收学生学习知识，并在有限的课堂时间内及时审阅学生反馈，查看课上课下学生的意见反馈，同时可通过"随堂限时习题"的推送等活动及时了解学生对项目知识点的掌握情况，以达到重点教学、以学为本的教学目的。在传统的师生面对面互动中，由于班级人数多，教师没有考虑到所有学生的思想感情，在"雨课堂"的支持下，学生可通过当今流行的匿名发"弹幕"活动各抒己见，弹幕在大屏上滚动，可鼓励学生多参与课堂。同时学生还可通过"附图投稿"上传作品。通过"临时点名"和"有限答疑"等活动，大学生能够关注这个问题，激发学习兴趣，提高课堂参与度，也能学会答疑。

（5）教学评价。可以记录学生的课前预习情况，课中互动、答题情况以及课后答题讨论情况，并对这些数据进行统计分析后发送至教师端。单次课后教师可以得到课件查看率、到课率、习题总得分、互动总次数等汇总表。每门课程结束后，"雨课堂"可以根据在课堂上学生的反应和互动，选出 3 名"优秀学生"和 3 名"早期预警学生"，对学习过程进行量化和可视化，提高学生的学习积极性。它不仅为学生创造了内部和外部激励，还为学生提供了一个熟悉评估过程结果的机会。同时，"雨课堂"系统可以将每个学生的学习数据作为一个整体进行评估，所有学生在课堂上的学习数据或关于一个学生的教育数据都是学习数据，学生提供的公平、客观、合理的课程评价可以在科学合理的基础上进行量化的课程评价。

（二）基于"雨课堂"的大学英语混合式教学模式的应用

1. 基于"雨课堂"的混合式教学模式设计

混合式教学的过程主要是包括四个主要步骤：第一步，识别及定义学习需求；第二步，制订学习计划及测评策略，这一步要参考学习者的特征作为基本依据；第三步，按照混合式学习项目的基础是使用适当的沟通工具和教学方法；第四步，以合理有效的方式向特定学生传播有关学习内容的信息。在高校实施混合式教学，在积极有效的学习环境中进行教学，可以激发学生的学习积极性、创造性，取得更好的学习效果。

2. 前期分析

总体而言，在实施该计划之前，有必要分析其主要特征，确定其在多大程度上适合混合式教育，如何适应混合式教育。它通过合理化来提高效率。可初步分析包括学习需求、学习内容、学习条件和特点。

（1）学习需求分析。学习主要需要识别和分析当前学生水平与期望水平之间的差异，特别是考虑到知识、技能、情感和态度等方面的差距。在知识方面主要分析当前学生主导领域的相关知识。能力侧重于确保学生具备专业理解和使用"雨课堂"平台能力，并按照教师要求完成任务。情绪和态度主要是指分析学生对基于"雨课堂"平台的混合式教学方法的接受程度，具体的分析方法包括问卷调查、访谈、评分量表等，以及分析学生的学习教育动机。

通过对学习需求的分析，确定教育目标，引导混合教育设计有序有效的实施。

（2）学习内容分析。学习的内容是指学生通过系统学习所获得的知识、技能和经验，其目的是提高个人的学习技能。学习内容分析是在前人对学习需求分析的基础上，可以明确学生所期望的知识、技能和经验的具体水平，从而确定学习内容的深度和广度。培训内容分析是对项目学习过程总体规划的初步分析，是整个培训项目最重要的要素之一。

具体课程将是一个整体的、独立的、基于具体知识的系统，通常由多个单位组成。分析教学内容的步骤一般分为：第一步，选择组织模块来确定和组织教学内容的顺序，内部逻辑应符合学生对教学内容的知识规则；第二步，制定学习单位的目标，即一般要求学生完成一个学习单元后获得的知识、技能和经验；第三步：确定学习任务。学习内容可以使用以下分析方法进行分析：图形分析、层次分析、分类分析和信息处理分析。

（3）学习环境分析。学习环境是指影响学习的外部条件，良好的学习环境不仅有助于积极发展知识，而且有助于提高技能。学习条件通常分为物理学习和技能训练。课堂设计和实物资源量，如家具、教师等，学习条件适用于联合教学模式。

设计支持学习的界面和可访问性的难易程度影响学生的接受程度，从而影响学习的有效性。学生可以在使用适当的教学资源后，及时评价结果，提出改进教育设计和平台的建议。

（4）学习者分析。学生分析的目的是了解学习者初始知识水平、学习风格、一般特征等。为确定教学目标、确定教学活动和制定相应的教学策略提供科学依据。我们可以通过准备适当的问卷来分析学生的学习风格。

3. 教学活动及管理设计

（1）教学活动设计。混合式教学活动主要是基于微信公共平台的"雨课堂"与传统课堂教学有机结合的课程模式。设计学习活动的目的是通过合理的活动规划，使学习过程顺利、合理、有效。收集和开发教学资源，实现学习目标，根据需要合理编辑并按时发布，为教学活动做好准备。在初始的在线学习环境中，教师需要提供加工资源来指导学生的活动，学生利用这些资源进行自主学习。在课堂上，将网络学习与传统的面对面教学相结合，优化教学。这个基于"雨课堂"学习平台的混合教育模式结合了在线学习和传统学习的优点，在指导、教学和监督教师学习，以及学生作为主体的行为方面起着主导作用，旨在体现活动性和创造性。

这种混合教育主要分为课前、课中、课后三个阶段。在筛选过程中，老师可以在"雨课堂"平台上发布预览内容，内容可以是PPT和相关内容视频，包括一段文字、一个知识点、几个练习题或一个网站等，学生可以在问题栏中提出自己的问题或点击在PPT页面的"我不明白"按钮上标记反馈。对于查看，"雨课堂"还可以自动总结，老师可以帮助确定课堂上的重点和难点后及时进行总结，更有针对性地进行检查。上课时，学生可以先扫码报名，"雨课堂"可以自己记录；老师可以根据PPT对学生"不懂"的部分进行教学，学生可以通过发送弹幕，及时反馈所学内容；老师可以带着弹幕做一些有针对性的课堂练习，"雨课堂"可以立即总结学生的反馈和发现当前学生的知识。课后，学生可根据自己标注的"不懂"说明进行复习巩固，教师可发放相关练习，对当天所学知识进行巩固测试。

（2）教学管理设计。由于学生人数众多，教育程度不同，情况复杂，教师要想了解每个学生的教育情况，工作量是十分繁重的。为了使教师工作更科学有效地开展，充分利用现代信息技术，对教学进程进行科学有效的管理势在必行。雨课堂平台可以实现发布任务提醒、学生组织管理、日常学习效果管理、发布成绩反馈等功能，在线上线下的互动过程中充分调动学生参与学习活动的主动性和积极性。

现在的课堂教学已经不仅仅是面对面地传授课堂知识，它可以涵盖师生的所有需求，"雨课堂"提供了满足这种需求的可能性。在"雨课堂"平台上，教师可以在线创建自己的课堂，建立虚拟教室。"雨课堂"将时间分为课前、课内、课后三部分，可实时跟踪记录学生数据。

教师可以编辑发布可视化任务，学习资源可以是课堂上使用的PPT、试题、视频等；在课堂上，教师可以打开"雨课堂"，让学生扫描代码注册，"雨课堂"将自动保存，并有学期结束后的总结，为学生的正常表现提供依据；教师可以在课后或课堂上随时发布试题和作业题，教师可以根据自己的需要自行决定。"雨课堂"可以自动分析学生的回答，并提供具体的数据，如答题数量、每道题的正确率、分数分布等，为老师对知识点进行更详细的讲解提供参考；老师可以提前发布PPT内容供学生观看，学生可以在不懂的页面上点击"不懂"，点击"不懂"的学生人数会在课堂上自动汇总，供老师参考；如果课堂上对老师的内容有任何疑问，也可以在课堂上发一条模糊信息，老师可以及时查看反馈。

新的信息技术引入了教育管理，使学习更有效、更易于管理。上述的学习管理主要是基于"雨课堂"平台，但重要的是教师要根据课程的需要，采用最适合相关课程的管理模式。

4. 教学方法设计

教学有法，而无定法，贵在得法。如今的课堂教学活动元素更加多元化，基于雨课堂平台的混合式教学相对更加复杂，对教学方法进行科学合理的整体设计，才有可能通过自上而下的整体优化教学，达到预期效果。

在具体课程的实施过程中，我们将逆向课堂教育的理念融入"以教师为主导，以学生为中心"的教学活动中。教学活动的开展主要分为三个阶段：课前自主学习阶段、课内知识提高阶段和课后知识转移阶段。在学前自主学习阶段，教师会根据所学知识合理组织学习内容和学习要求，如 PPT、视频、试卷等，及时发布到"雨课堂"，供学生查看预习，"雨课堂"还将以数据的形式实时反馈学生的学习情况，为教师课堂教学提供参考；在课堂知识提高阶段，教师将结合大数据，在课后知识转移阶段提供参考课堂上，老师可以推出相关的测试练习或扩展内容来测试学生的学习情况，也可以通过其他方式，如微信群、论坛等作为辅助讨论工具，使学生能够自由地表达自己的观点。

教师使用雨课堂教学最大的意义在于能够得到学生学习情况的及时、实时的反馈，做到对学生学习情况的实时、透明、客观的监控，大大缩短了老师了解学生建设新认知情况的反射弧。教师可以在此信息化教学工具的辅助下进行更加有效的教学方法设计，为优化教学做好铺垫。

5. 教学评价设计

基于微信公共平台的"雨课堂"混合教育强调以学生为中心，其评价内容主要包括学生所获得的知识和技能水平，以及雨课堂平台的教学辅助功能性，为混合式学习之外的最佳表现提供有效的反馈信息，开展多维度、多层次的学习评价，注重"结果"向"过程"的转化。评价主体包括教师和学生，评价主体包括学生和课堂平台。在对学生的评价中采用培训评价和总结性评价，主要强调培训评价，通过改进具体问题，帮助教师和学生有效地监督学习过程，提高学习效果。其中形成性评价主要通过报到、课堂参与、在线课堂测试、实习作业、学习态度等方式跟踪学生在线学习数据，总结性评价主要通过形成性评价的总结进行，考试成绩与期末成绩之间，以及学习态度的研究。对"雨课堂"学习平台的评价主要是基于师生的态度、互动和依赖程度。

第六章　大学英语翻转课堂教学实践

第一节　以微课为基础的翻转课堂教学的效果

在信息技术被广泛应用的时代，教学工作中教师能够应用信息技术在信息化平台传授学习规划或学习方式，供学生参考借鉴应用，让学生能够依照自身的情况和需求进行选择。随着信息技术在教育事业中的广泛应用，一些全新的信息化教学模式油然而生，例如翻转课堂模式下的微课教学模式，打破了传统教学模式的枯燥无趣的局面，将课堂教学移步于终端设备，并且无需受到时间因素的制约，凸显了微课的灵活性以及便捷性，同时微课教学模式中教师可以将单一的知识点或重点进行归纳总结，或在微课中制作导图模式，利于学生对知识点进行深刻记忆，继而提升教学质量。在大学英语教学中，应用微课教学过程中出现了一些问题，需得到及时解决，并采取有效措施提升微课模式的应用水平，继而可以改善大学英语教学质量。

一、翻转课堂的概念

翻转课堂这一教学理念是在 21 世纪提出的最新教学理论，其英文表达为 Flipping Classroom，也常常被译为"颠倒课堂""颠倒教室""翻转教学""翻转学习"等。

所谓翻转课堂，就是在信息化环境中，课程教师提供以教学视频为主要形式的学习资源，学生在上课前完成对教学视频等学习资源的观看和学习，师生在课堂上一起完成作业答疑、协作探究和互动交流等活动的一种新型的教学模式。这种教学模式的基本教学流程是：首先，教师布置学生课前观看视频教学材料；其次，学生在掌握既有知识的基础上做习题；然后，学生回到课堂，在教师的指导下与学习伙伴展开对知识的探究；最后，学生在教师的帮助下对所学的知识进行总结和反思。

在翻转课堂教学模式下，教学资源能够在网络上共享，在一定程度上突破了传统教学模式的限制，教学的开放性和启发性更强，是一种突显学生自主学习的教学模式，能够有效促进教学效率的提高。在大学英语教学中合理应用翻转课堂教学模式，能够促进大学英语写作教学活动的优化开展。

二、微课的概念

微课是指运用信息技术，结合学生们的认知规律，呈现碎片化内容、过程及扩展素材的结构化数字资源。微课核心在于课堂教学视频，但是要想取得良好的微课教学效果，还应该包括更多细节化的内容。如与教学主题相关的教学设计、素材课件、教学反思、练习测试等，还应该同时包括学生反馈和教师反馈，基于这些内容共同营造出良好的教学环境。微课的主要特点包括如下几个方面：

（一）时长较短

通常微课设计的时候都会充分考虑到学生们的认知规律和特点，通常的课程时间就只有5~8分钟，最长也不会超过10分钟，相对于传统课堂来说是非常短的课程了。

（二）内容精简

教学内容较少，相对于传统课堂而言，微课会突出教学主题，主要是为了突出教学中的重难点设置的教学内容，内容非常精简。

（三）观看方便

资源容量较小，微课加上辅助资源一般而言也不会占据很大的教学容量，学生们可以通过平板电脑或者手机就可以直接便捷的观看课程。

（四）资源丰富

微课还非常突出课程结构化和情境化。微课选取的内容虽然是以教学片段呈现，但是大多会构成主题鲜明、类型多样、结构紧凑的主题单元资源包，学生们能够通过微课掌握到更加系统的课堂知识。

（五）反馈及时

微课还具有一个非常明显的优势就是反馈及时，针对性很强。在较短的学习时间内，学生都能够及时学习到他人对自己教学行为的评价，学生们能够都参与到课堂，通过这种方式获得的教学反馈往往也更客观。

三、微课在高校英语教学中的应用价值

（一）有利于激发学生们的英语学习兴趣

我国高校学生的英语学习兴趣总体上是非常低下的，尤其是在进入高校之后，高校的英语课程开设时间比较少，很多学生在高校英语课堂上还是采用插科打诨的方式学习英语，除了英语专业的学生能够认真对待，大部分其中专业的学生仅仅会在准备四六级考试的时候学习英语。加上刻板的教学方式，学生们逐渐会认为英语是一门枯燥和无聊的学科，长期处于这样的学习情绪状态下，学生们的英语学习兴趣就会降低，甚至出现厌恶英语的情况。但是微课的课程大多以精致优良的画面，课程内容大多经过精心设计，包括了很多趣味性的内容，能够有效激发起学生们的英语学习兴趣。

（二）充分利用高校学生的时间，培养学生的学习习惯

高校学生的课后时间比较充足，但是并不是所有大学生都具有自主学习的好习惯。高

校英语教师也不太会刻意给学生布置英语作业，对于学生的课后学习自觉性就更高了。如何充分调动学生的英语自主学习意识，构建良好的英语学习习惯是值得非常研究的教学工作。微课很大程度能够弥补以上缺陷，首先，微课的课程时长一般不会超过15分钟，而且内容都是重点内容，虽然缩短了课程时间，但是课程质量却更高，学生们能够随时随地学习，还能按照自己的学习节奏选择学习进度，遇到不会的内容，还能够反复观看，加上微课学习以数据监督记录学生们的学习情况，学生们的学习参与率也会大大提升。高校学生们逐渐就能摸索出适合自己的学习方式，从而养成良好的个性化学习习惯。

（三）有利于激发学生们的创新意识

微课教学最明显的一个特点就是将学习的权利交还给学生，重新定义了师生角色，学生们主动学习，教师不再在课堂中占据主要的地位，而是扮演着引导者和发现者的角色。课堂成了学生们发现问题、提出问题和解决问题的平台，师生都可以在课堂上交流自己的看法，通过这样的讨论，观点的碰撞就很容易形成新的想法，学生们在发现问题的过程中能够有效激发自己的创新意识，锻炼自己的创新能力等。

四、微课在大学英语教学中应用

（一）微课在大学英语教学中开发与应用的实践路径

1. 依据学生实际需求，合理设定微课内容

教师应该根据学生学习语言的具体需要来确定微课的开展方式，教学的内容须合理而丰富，以获得预期的教学效果。大学阶段学生学习语言的需求主要有两个方面：一是需要学习一些英语课程的基础知识；二是提高自身使用英语的技能。教师可以以此为目标来设计微课。针对学生学习基础课的需要，微课中要包括大学四、六级考试的相关内容。应根据大学英语的教学目标，按不同的内容和顺序来设计微课的内容，例如语义知识和篇章结构知识。

对学生进行听力、口语、阅读及写作能力的培养也是大学英语教学中的目标，教师应该据此目标制作一些相关的微课视频，方便学生根据自己的需要来选择学习。将微课引进教学过程后，教师应当及时建立起一个方便、快捷的交流平台，引导学生在这个专用平台上开展交流，讨论遇到的问题，潜移默化地提高他们参与微课的热情。

2. 重视媒体资源的选择，做好微课权利的保护

微课的教学视频是微课重要的教学资源，所以必须要做到制作精良、选择准确、共享便捷。视频类资源是微课视频的制作基础，目前我国网络上的各类视频资源质量良莠不齐，因此需要制作者针对大学语言教学的需要进行精心的筛选，努力制作出质量上乘、丰富实用的微课视频，让微课教学健康有序地在大学英语教育中发挥应有的作用。

从法律层面来看，我国的互联网资源在产权保护及共享方面还缺少严格而周密的相关规定。因此，高校和教师都应提高这方面的意识，在积极投入人力、物力、财力，加快制作微课视频的进度的同时，也要注意保护好属于自己的微课视频的著作权。只有做到发展

和保护并举,大学英语微课教学才能沿着健康高效的道路前进。

3. 重视教学经验总结,完善大学英语微课教学系统

在大学英语教育中引进微课的形式,对于促进高校教学改革意义重大。在高校英语教学中推广和运用微课的模式可以推动微课研究的深入开展。学校和教师应当从微课的教学实践中总结经验,不断更新微课的授课内容和教学方法,在教学的过程中发现问题、解决问题、积累经验,争取创建并发展一套科学实用的微课教学理论,使之成为微课教学不断取得进步的基础。直接面对学生的教师应当结合自己的角色优势,边摸索、边分析、边总结,把自己的教学实践经验同微课的教学理论结合起来,努力探索新的可以与微课相辅相成的教学方法,把微课教学的优势充分发挥出来,促进大学英语教学改革稳步推进。微课具有便捷、开放、活泼、丰富的特色,这种教学模式可以成为大学教育的一种新思路和新方式。在制订微课教学计划时,不仅要与教学目标和计划相符,还要考虑学生学习语言的需求,对课程做出合理的安排,建立起可供学生交流互动的优质平台,以获得预期的教学成效,使得大学英语教育变得更具实用性。

(二)微课应用于高校英语教学中的环节

借助微课来展开教学,与其他教学模式一样,也是由三个环节构成——课前准备、课中授课、课后反馈,在此过程中微课存在的价值是不容忽视的。

1. 第一阶段,课前准备

在这期间主要得从三个方面进行准备:首先,根据全班学生英语的基本情况拟定一个科学合理的学习计划,要充分利用学生的闲暇时间,让学生在课前一边观看微课,一边拟定一个适用于自己的学习方式,这样他们在未上课之前就已经体会到浓浓的学习气氛。然后,通过所制订的学习方案,让学生清楚地明白本堂课的教学重难点,再根据学生英语学习的基本情况,编写一个容纳所有教学重点的导学案,以此来激发学生的学习热情,让他们积极地投入学习中来。最后,老师要在备课的时候认真钻研教材内容,预先勾选出教学中的重点难点,让学生在课前就翻阅资料进行预习,某些内容可能涉及以前学过的句型、语法,将其挑出并让学生进行复习,以加深印象。

2. 第二阶段,课中授课

这一阶段主要有四部分内容:

(1)导入课题。这一部分尤为重要,只要导入成功,可以大大提高学生的学习热情。所以老师可以用讲故事、说笑话、做游戏这样的活动进入课题。

(2)借助微课来讲解本堂课的具体内容。通过由浅入深的分析,将所授内容进行归纳整理,以便于学生对知识点的掌握。

(3)借助做习题的方式帮助学生加深印象,并且将所学知识用于实际。老师能通过这种方式来检查学生对知识的掌握情况,出错率高的知识点应该再次讲解分析。学生也能通过做题了解自己知识的薄弱点,可以选择当堂询问老师,也可以选择课后学习理解。

(4)知识延伸。首先老师为学生解疑释惑,然后回顾本堂课的重要内容,再借助做习

题的方式检查学生对知识点的掌握情况,最后在已经熟练掌握所学知识的条件下,再进行更高层次的知识的学习,开拓学生的视野,扩充学生的知识面。

3. 第三阶段,课后反馈

这一阶段主要有三部分内容:

(1) 课后的作业布置。下课之后布置与课程内容相关的题目,用来检查学生对教学内容的掌握情况。

(2) 学生的自主温习。如果在课内有个别内容未能消化理解,在课后找到相对应的微课视频进行再次学习。当然,在进行温习功课的时候也可以选择再次浏览微课视频,不仅能帮助学生梳理所学知识,还能再现课堂内容,加深印象。

(3) 学生互动讨论。若在学习上遇到困难,可以借助微课视频和同学们进行探讨,通过这个环节,自己不仅解决了问题,还巩固了知识。

总而言之,微课是通过影像的方式展开教学,它具有简短精练,运用灵活,传递知识快捷等特征,成功战胜了传统的灌输式教育,提高学生们的学习热情,让他们在英语学习上化被动为主动。微课的诞生将颠覆传统的教学模式,它把知识要点浓缩在一个教学视频上,虽然教学内容少,但重点突出,具有针对性;虽然视频时间短,但把时间交给了学生,只要在这短短的几分钟内认真观看视频,就能掌握基本要点,其后的时间可以自主钻研,这才是真正把课堂还给了学生。

五、翻转课堂教学模式下大学英语教学体系的建立

当下大学英语教学工作注重翻转课堂教学模式的应用并没有背离现代教学观念和教学模式,相反,优化了现代大学英语教学观念和教学模式,这就使得学生能够在进行英语学习时产生学习的积极性,并且学生能够成为学习的主体,而教师也需要围绕学生展开英语教学工作,而且发挥积极引导作用和主导作用。在学生对于知识的学习过程中,可以将闲余时间进行有效应用,利用移动终端设备进行微课的学习,而这已经成为了大学英语学习的主要方式,同时也是重要的学习渠道。

(一) 教学准备工作

1. 教师方面

在英语翻转课堂教学模式下,教师可以针对具体的教学知识点设计教学方案和策略,并且制定教学微视频,以此可以确保微课教学视频能够符合英语教学基本要求。而对于微视频的演示方式主要包括微课电影、微课动画以及微课PPT等。而在大学英语教学中,教师可以依据所要讲述的知识选择应用不同的微课视频模式,并且可以根据具体的需要综合应用,而主要目的是更好地传授学生英语知识,并且让学生能够更好地学习、理解、掌握和应用知识,激发学生学习兴趣和好奇心,这有利于教学工作的有效开展和实施。

2. 学生方面

在翻转课堂教学模式的应用下,使得学生能够从被动的学习角色转变为主动的学习角

色，改变并优化了学生的学习现状局面，让学生成为学习的主体。学生通过应用微课进行英语知识的学习以后，能够更好地认知和理解英语知识，并且也可以更加方便地记录学习中所遇到的问题以及产生了困惑，通过一些社交软件，能够与教师、同学进行沟通交流。比如应用 QQ、微信等社交软件与教师、同学进行交流互动，以此能够获得帮助。这种沟通交流的方式有助于学生产生学习的兴趣和积极性，并且提高学生学习效率和质量，使得学生不会受到时间、地点限制和影响。

（二）教学设计工作

在翻转课堂教学模式应用下，针对于教学设计需要英语教师能够体现出学生的主体地位，要激发学生学习的主动性和学习兴趣，深入挖掘学生的英语学习潜质，引导学生积极参与到英语学习中去，从而有助于学生对于知识的消化和应用。

1. 明确主题

教师依据微课教学视频中的重点难点知识点，提炼并归纳出具有良好价值的教学主题以及教学认识，学生在通过应用微课学习以后，就能够根据自己的兴趣爱好选择学习的主题，在这个过程中教师需要给予学生积极的引导和正确的指导，并且为学生提供帮助。

2. 独立自主思考

思考能力是当下人们生活、学习工作的重要特点，同时也是需要具备的能力，独立自主思考能力是考察学生是否可以理解、消化和掌握专业知识的重要依据和前提条件。所以在大学英语微课教学中，需要教师重视独立的重要性。而作为英语教师，自身也需要积极地引导和有效的指导，逐渐培养学生独立分析思考问题的意识和能力，培养学生求知意识，从而可以建立科学完善的教学体系和框架。

3. 协作讨论

在英语教学中培养学生团结协作意识和能力以及分析讨论问题的能力极其关键和重要，而这是教育教学工作的主要目标，同时也是重要的教学方式。在教学中，通过学生分析讨论以后，学生能够将所学习到的知识进行分享，并且能够分享自身的学习经验和学习方式方法和技巧，从而可以共同探索，协作讨论，并且进行相互监督，相互评论。这种协作讨论的方式有助于学生发挥想象力和创造力，而且对于学生的逻辑思维能力和抽象思维能力的提升也产生了重要作用，从而有助于学生对英语知识更好地学习。

4. 分享结果

在翻转课堂教学模式下，学生通过独立自主分析思考以后，能获得讨论分析的结果。而针对于结果的分享可以应用微课的方式上传到平台中去，以此可以为之后的学生学习提供学习资源素材，学生能够不受时间、地点的影响随时观看学习。因此在翻转课堂教学模式下微课学习中分享结果是极其重要的组成部分，这样有助于学生共同建立微课学习平台。

六、微课基础上翻转课堂在大学英语教学中的应用

(一) 知识要点与信息技术相互结合

当前,大学英语教师在教学时,首先需要明确教学目标,在使用微课时,融合课本的重难点,重点关注微课呈现方式的设计。在课前,教师可以在网络平台上发放部分课件与所讲解知识的相关资料,让学生提前观看;在课余时间,教师还可以通过网络平台对学生进行课后辅导,监督学生的学习进度。此外,网络平台还可以反映学生的学习进度及学习的效率,教师可以根据网络平台反映出的数据进行教学调整,使学生能够跟上教学进度,另外,学生也可以通过网络平台进行自主学习,提高自身的学习能力。

(二) 提高教师的微课制作水平

微课的出现使大学英语教学方式更加新颖有趣,能够快速引起学生的注意。因此,在微视频的制作过程中,教师需要提高自身的专业性,制作高水平的教学视频。例如,教师可以通过网络平台来丰富教学内容,在教学内容中融入一些学生感兴趣元素,增强视频的可观看性,使学生能够在观看视频的同时自主学习,提高学生对知识的内化效率。总之,教师需要不断学习视频制作与课件的创新,不断了解学生的喜好,有针对性地进行视频教学。

(三) 对学生进行个性化指导

微课的出现,使学生能够根据自身的学习兴趣,进行合理的学习规划,在对学生发布微课视频时,需要保证教学设计资源的多样化,另外,授课言语要生动、富有渲染力。作为大学英语教师,需要对教学中出现的问题进行具体分析,针对不同的学生采取不同的教学手法。教师还需要在微课教学时,对学生进行指引,针对学生提出的观念与问题进行详细的讲解,使学生学会从不同的角度去看待问题,并挖掘事件的本质。另外,教师要随时做好准备,对那些需要帮助的学生进行指导,并时常鼓励那些学习效率不高的学生,增强自信心,激发他们的学习欲望。

(四) 提高学生的英语综合能力

翻转课堂教学模式采取"课前传递信息和知识"的模式,能够激发学生的英语学习兴趣,让学生体会英语学习的乐趣。在翻转课堂教学模式中,应注重小组合作,学生可以通过小组讨论将所学知识连接起来,再进行知识扩展,提高小组学习的效率与自主学习能力。

此外,小组学习还可以调节班级的学习氛围,促进学生学习方法的相互借鉴、学习经验的相互分享,加强学生的学习能力与自我反思能力。翻转课堂教学模式还注重知识的传递性,学生在课后能够自主学习,在课堂上可以理解各个知识的结构。翻转课堂能够成为师生之间相互学习、交流、解答疑问的学习平台,可以让学生在学习的过程中将知识吸收与巩固,提高学生的学习效果。翻转课堂教学可以有效优化课堂教学设计,通过在线课程和在线视频,为学生及教师提供有效的学习交流平台,扩大课堂学习的知识范围和学习领

域，提升大学英语的教学效率。

七、以微课为基础的翻转课堂教学的效果

在大学英语翻转课堂教学模式中，微课视频通常被用于课前阶段的自主学习，主要目的是通过灵活生动的形式进行与课文学习内容相关的语言知识讲解，并布置合适的多元化的课前学习任务，可以是笔试形式的练习，也可以是口语形式的汇报、讨论、辩论等。微课视频可以从互联网寻找合适的资源，或者自己拍摄制作视频，也可以通过对网络视频进行必要的剪辑加工处理。学生课前进行微课的自主学习时，需要对视频内容中的难点和重点进行记录，向学习伙伴或教师进行在线咨询，或在之后的课堂听课时予以更多的关注，现场向同学或教师当面请教。课前学习任务的检查，可以根据需要安排在课前自主学习时完成，也可以在课堂上测试。查测的目的是让学习者更好地理解并掌握相关知识，也为教师了解学习者的学习情况并做出教学安排提供依据。课堂上的交流、分享等小组或协作等活动的主要目的，是帮助学生理解和吸收所学知识，完成知识的内化过程，并进行知识的固化。课后学生须在教师的指导下对所学的知识进行回顾和反思，自主运用知识进行创新应用，以进一步实现知识的固化。

以微课为基础的翻转教学，使传统的课堂教学发生以下四个改变。

（一）教师的角色发生变化

教师从传统课堂上语言知识的传授者变成学习的促进者和指导者，学生的主体地位也得到充分体现。教师和学生共同完成学习过程，正如张金磊所发现的那样，教师的地位不仅没有被削弱，反而更加强了；教师也成了学生获取资源、利用资源、处理信息、应用知识到真实情境中的"脚手架"

（二）学生的角色发生了转变

因为翻转课堂的个性化学习，学生成为学习过程的主角，而不是传统课堂上被动的知识接受者。他们可以自定学习步调，自主选择学习时间、地点，甚至是学习内容。课堂上以小组学习或讨论等语言实践形式完成对知识的理解和吸收，实现知识的内化。一部分知识掌握快的学生可以帮助其他学习者进行学习，相当于承担了部分"教"的角色，也就是说，他们由知识的消费者转变成知识的生产者。

（三）传统的教学时间得到重新分配，学生的语言实践机会大大增加

传统课堂中需要花费大量时间进行的语言知识讲授被转移到课前的网络视频学习，在基本的知识传递量不变的基础上，增加了课堂上教师和学生以及学生和学生的互动交流。经过充分的课前学习，课堂上的教学时间分配得以重新调整，学生有了更多的机会与学习伙伴或教师进行更多的有效交流，有利于知识的深度内化，从而进一步提高学习效率。

（四）学习者的自主性和创新能力得到提高

由于翻转式学习鼓励学生进行课外自主学习，自主决定学习时间、地点、内容、方式、目标等，有助于培养学生的探究和自主创新能力。课堂上的交流、分享和讨论等活

动，有助于培养学生的合作能力、创新能力、集体凝聚力等。

第二节 基于产出导向理论的翻转课堂在大学英语听说课中的应用

一、产出导向法理论概述

"产出导向法"（POA）内容包括三部分：教学理念、教学假设和教学流程。教学理念是 POA 理论的指导思想，具体又包括"学习中心说""学用一体说"和"全人教育学"。"学习中心说"所强调的是课堂上的一切教学活动是为一切有效学习服务，打破了国内外流行的"以学生为中心"的理念；"学用一体说"中的"学"是输入性学习，"用"指的是产出，推翻的是"学用分离"，主张的是边学边用，学为用，用促学；"全人教育学"是指外语课程教学不仅是要提高学生英语语言的综合运用能力，而且还要提高学生其他各种综合能力，诸如思辨能力、文化素养等。

教学假设包括"输出驱动假设""输入促成假设"和"选择性学习假设"三个环节。"输出驱动"主张产出既是语言学习的动力，又是语言学习的目标；"输入促成"是在输入驱动的前提下，适时提供能够促成产出的语言、内容与语篇结构；"选择性学习"是根据语言产出的需要，从输入性材料中挑选出有用的部分进记忆和练习。

二、大学英语听说课程教学现状

进入 21 世纪，移动互联技术的迅猛发展为基于手机终端微视频的制作、播放和传递提供了极大的方便，从而使微视频在大学英语教学中得到广泛应用。这一技术在给大学英语教学带来便利的同时，也对传统大学英语教学理念和模式构成前所未有的挑战。教育部高校大学外语教学指导委员会充分认识到新时期大学英语教学面临的严峻局面，并给予高度重视。新修订的《大学英语教学指南》对信息技术与大学英语课程教学的融合提出更明确的方向和措施：各高校应充分利用信息技术，积极创建多元的教学与学习环境；鼓励教师建设和使用微课、慕课，利用网上优质教育资源改造和拓展教学内容，实施基于课堂和在线网上课程的翻转课堂等混合式教学模式，使学生朝着主动学习、自主学习和个性化学习方向发展。通过建立网上交互学习平台，为师生提供涵盖教学设计、课堂互动、教师辅导、学生练习、作业反馈、学习评估等环节的完整教学体系。教学系统应具有人机交互、人人交互功能，体现其易操作性、可移动性和可监控性等特性，允许学生随时随地选择适合自己水平和需求的材料进行学习，能记录和监测学生的学习过程，并及时提供反馈信息。

长期以来，大学生的英语听说能力训练效果一直不很理想，广大英语教师和教研人员虽然尝试过各种教学改革，但由于诸多因素制约，改革依然没有取得突破性进展。目前，我国大学英语听说课程的教学大致按照以下模式进行：教师围绕一个特定的教学主题，在课堂上播放一段听力材料和针对该材料设计的几个问题，然后点名提问学生或学生自愿作答；教师在学生回答时随时进行一些提示或点评；最后再根据整个听力材料的难易程度和学生的理解情况进行大致评估，并决定是否重新播放听力材料以加深学生的理解。这种授课方式耗时长，效率低，针对性差，整个授课过程都由教师唱主角，学生只是被动输入语言材料，属于典型的"输入驱动型"学习模式。

虽然教育技术在最近几十年得到不断发展，大学英语听说课程的教学手段也比以前有了显著改善。其中，仅播放和收听设备就获得多次升级换代，比如以前使用录音机和磁带进行明音播放，后来提升为耳机闭路播放，21世纪以来又有了以计算机多媒体终端为依托的语音实验室。在语音实验室，授课教师可以通过教学平台或系统采用多种方式播放听力材料，还可以根据需要随时与学生单独沟通或小组讨论。然而，这些现代信息技术的应用却并未能从根本上改变大学生英语听说课程中被动的"输入驱动型"学习。因此，教学效果未能出现显著提升。

结合大学英语听说课程的特点和以往教改探索中所遇到的困境，如果将微课微视频恰当地应用在大学英语听说教学中，构建基于产出导向教学理念的翻转课堂教学模式，就有可能将"输入驱动型"教学模式转变成"输出驱动型"，大大提高听说课程授课效率，充分调动和发挥学生学习的主动性、积极性，从而提升大学英语听说课程的教学有效性。

产出导向教学模式主张彻底转变学生学习外语的模式，将学生学习外语的目的变为运用外语进行表达，并且在每一次的课堂设计中都围绕一个特定表达任务来开展。产出导向教学理论总体框架由教学理念、教学假设、教学流程组成，三者在逻辑上紧密相扣但彼此独立，表现为动态的教学流程是整个教学模式得以运行的载体，以保证教学理念得以实现，同时也对教学假设进行检验。其中，教学流程又可分成三个阶段：驱动阶段、促成阶段、评价阶段。在驱动阶段，主要由教师设计并向学生布置"产出"任务，然后让学生进行独立准备；在促成阶段，教师需要通过测试、交流等方式具体了解学生准备情况，并根据需要及时提供帮助和指导性意见，以帮助学生提高表达质量；在评价阶段，教师需要对"产出"任务列出明确的评价标准，对学生的"产出"成果进行分析和评价。评价方式可以是教师对学生的评价，同时也鼓励学生相互评价，从而更好地完善"产出"任务成果。在每个阶段，教师必须充分发挥学生的自主权，但不能任其发展，必须充分发挥其主导作用，以确保整个教学过程的控制和有效性。"驱动—促成—评估"三个环节分为内部小循环和整体大循环，其中包括几个循环链。这些分解的小产出目标既具有逻辑关系，又相对独立。

三、产出导向法理论下大学英语听说教学模式的策略

（一）听说驱动

产出导向法理论下，有效实现大学英语听说驱动教学模式，需要教师与大学生共同做

到以下几方面。首先，开展英语交际场景。教师为大学生开展英语交际场景是听说驱动教学模式中的第一步骤，在大学英语课堂教学中，教师应该根据英语知识内容，为大学生设置一个英语交际场景，鼓励大学生积极主动地融入交际场景中，带动大学生英语输出的积极性，进而使大学生更好的学习英语知识内容。例如，教师可以运用多媒体教学工具，将知识内容整合，为大学生营造一个真实的英语交际场景，激发大学生输出英语兴趣，进而使大学生积极主动参与到教学活动中。

其次，大学生完成英语交际活动。大学生完成英语交际活动是英语听说驱动教学模式的第二步骤，而教师为大学生开展英语交际场景，也是大学生的英语语言输出活动，大学生在英语交际场景中，发挥自身主观能动性，根据自身所想通过英语知识有效的表达出来，使大学生英语达到有效的输出锻炼，进而培养大学生英语语言使用能力。基于一部分大学生存在英语输出障碍，以及大学生对英语知识的理解能力存在差异性，教师可以采取分层次教学模式，为不同层次大学生设置不同的交际任务，鼓励大学生说出英语，使大学生能够在不同层次中结合自身所学勇敢的输出英语，使大学生在产出导向法理论下取得英语输出进步，从而为大学生英语输出打下坚固的基础。

最后，教师向大学生说明英语产出任务。教师通过了解大学生前两个步骤的训练情况，可以向大学生提出该节课的教学目标，以及向大学生说明在英语交际场景中需要产出的英语知识内容，使大学生对学习目标与英语产出内容具有一定的了解，使大学生在交际场景中注重产出该英语知识内容，进而实现大学英语听说教学的有效性。具体而言，英语教学目标有两种，一种是语言类英语目标，另一种是交际性英语目标。在交际性英语目标中，大学生只需要掌握英语句型与词汇的输出即可，而在语言类英语目标中，需要大学生根据英语教材内容进行统筹学习，系统性的掌握该课程的理论知识，并能够在英语交际场景中做到英语产出形式，在此过程中，教师应该积极地发挥引导者的作用，使大学生快速的完成英语产出教学任务，进而使大学生更好的掌握英语知识内容。

(二) 英语口语任务

产出导向法理论下，教师应该根据英语知识内容，为大学生精心布置英语口语任务，使大学生在真实的英语交际场景中，感悟与体验英语知识，从而实现大学英语听说教学的有效性。

第一，让大学生了解英语口语产出任务。大学英语教师应该在英语口语训练中，让大学生了解英语口语产出任务，进而引导大学生完成输出英语任务。事实上，大学生对英语口语产出任务的了解，也是解决大学生英语输出困难的有效途径。也就是说，在大学英语教学中，教师应该前提整合英语知识内容，将英语知识内容分成若干个子教学任务，在教学中引导大学生逐个完成英语产出教学任务，进而使大学生有效的完成英语产出任务。值得注意的是，基于大学生的个性差异、学习能力、英语口语能力的不同，教师在设置英语产出教学任务时，应该尊重大学生的差异性，根据大学生实际设置英语产出任务，使大学生能够顺利的完成英语产出任务。因此，英语产出教学任务在设计上不能够太简单、也不能太难，应该难易结合。

第二，以听促进说。教师设置以听促进说的英语产出教学活动中，能够更好的培养大学生英语口语与运用能力。在此过程中需要英语教师为大学生提供符合大学生实际的英语听力资料，使大学生能够结合自身英语产出不足情况，具有针对性的听资料，并获得有效的英语产出资源，进而促进大学生英语知识的掌握。事实上，大学生在经过之前英语产出训练中，已经对英语知识具有大概的理解，加之听英语资料，使大学生对知识的进一步巩固，加深大学生对知识的印象与记忆，提升大学生英语学习能力。

第三，英语交际口语任务展示与练习。当大学生在英语听力教学中对知识内容进一步掌握时，教师应该为大学生再次设计输出教学活动，并给予大学生几分钟的课堂教学时间，让大学生对自身所学的英语知识进行整理，进而在下一个英语输出环境中使大学生更好的产出英语。在此英语输出环节，需要教师对若干个教学任务整合，为大学生创设新的英语交际场景，并为大学生提出相对应的教学问题，引导大学生在英语输出环节中进行分析与讨论，使大学生在讨论、分析知识中获得对体验与感悟，进而使大学生在输出环节中对英语知识具有创新的认识。

(三) 英语口语产出评价

产出导向法理论下，不仅能够创新教师以往的教学模式与理念，为大学生提供丰富多样的口语输出场景，同时还能够实现教师评价的有效性。

第一，区别性与针对性评价。教师对大学生的评价是对大学生学习知识的总结，同时也是促进大学生后续学习工作开展的必要环节。教师在对大学生输出与产出环节的评价，除了应该体现评价的及时性，同时还应该确保评价的区别性与针对性，只有这样才能够实现评价的有效性与指导性。对于输出与产出而言，由于大学生个性与学习能力存在差异性，故而，大学生产出与输出英语成效不一，而教师如运用以往一视同仁的评价机制，会影响大学生英语听说能力的提升。此外，采取区别性与针对性的英语评价机制，能够为大学生设立学习的自信心，使大学生能够更好的输出与产出英语，进而促进大学生的全方位发展。

第二，补救性评价。补救性评价是英语教学活动中的最后一个教学环节，在大学英语教学中，虽然大学生通过产出导向法能够有效掌握英语知识内容，但随着教学进度的发展，会形成新的教学问题，对于这些教学问题教师应该合理的运用，而不应该过早的对大学生进行评论。因此，教师应该根据教学问题，采取针对性的补救评价方式，进而使大学生更好的完成教学任务。

综上所述，英语听说教学是大学英语教学的重要组成部分，是学生获取英语知识与掌握英语技能的主要途径。产出导向法理论是在以往输出与输入理论中发展而来的一种新型的教学模式，对英语教学具有促进作用。而将产出导向法运用到大学英语听说教学中对提升大学生英语学习能力具有一定的意义。因此，产出导向法与英语听说教学相结合，能够实现大学生英语输出与产出教学模式，帮助大学生解决英语输出与产出的困境，进而使大学生全方位发展，促进大学生就业。

四、基于产出导向教学理论的大学英语听说翻转课堂教学模式构建

产出导向教学理论自提出以来，就在学术界产生了较大的影响，在大学英语教学实践中也进行了探索性应用和研究，并取得了初步的成果。最重要的原因是，该理论中的"促成"和"评价"这两个实践环节可以与"翻转课堂"教学模型完美结合。在传统的大学英语课堂模型中，产出导向教学理论可能只停留在研究和探索层面，无法得到广泛应用，因为传统的课堂时间大多被分配于教师讲授，而没有太多的时间留给学生进行语言实践。只有通过翻转课堂教学模式，辅以现代网络技术，产出导向教学理论才能进入语言实践环节。"翻转课堂"是相对传统的"课堂教学+课后练习"的教学模式提出来的。课前的自主学习环节中，即产出导向教学理论的"驱动"阶段，学生不仅可以通过观看微课视频讲座，还可以通过收听播客或阅读电子书等方式进行自主学习，并对将要完成的任务形成驱动作用。在课堂上，教师通过讲解和交流讨论等方式对重点和难点知识进行解释，并对学生的"产出"任务完成情况做出相应的评估。

与传统的"先教后练"的教学模式相比，这种"先学后教"的翻转课堂，实现了语言学习从"输入驱动型"到"输出驱动型"的转变。教师的角色从教学内容的传递者转变成指导者，这正是产出导向教学理论体系所主张的教师在教学过程中的"主导作用"。鉴于目前移动技术的普及，产出驱动这一环节可以拍成视频，或者制作成微课，让学生在课前学习。课上教师只需要检查学生对视频、教学目标和产出任务的理解情况即可，这样可以腾出更多时间进入第二个阶段。这里所说的"第二阶段"，就是产出导向理论中的"促成阶段"。可见，课前基于微课视频等形式的任务学习和练习交流等活动"促成"学生在翻转课堂上的有效产出。而且，产出导向教学理论十分重视输入学习和产出运用间的有机联动性，这种联动性正是"翻转课堂"的意义体现。学生有了课前任务的驱动，会对学习进度和内容进行自主掌控，课外进行自主学习，课内通过师生间和生生间的互动与交流等语言应用活动进行知识的内化，促成知识产出的有效性。

传统教学模式下，大学英语听说教学所涉及的"听"和"说"两个环节都在课内完成，因受限于课堂时间，师生间或学生间的互动机会缺乏。学生在这种"输入驱动型"学习环境下的学习显得很被动，自主学习能力得不到体现和提高。在产出导向教学理论指导下的教学模式中，学生在课前自主观看微课视频、Powerpoint课件、电子书等，熟悉教师呈现的交际场景，完成"听"的环节，实现学习的输入。课前微课视频的最后一部分，教师通常会对将要完成的产出任务进行描述。在这一任务"驱动"下，学生将自主进行选择性学习，并通过练习"促成"产出结果。学生的产出结果将在课堂上与其他学生进行分享或交流，并且能得到教师的检查和指导，以及来自学习伙伴的评价和反馈。翻转课堂上的"检查"和评价可以被看成产出导向教学理论中的"评价"环节，也就是"延时评价"。对产出成果评价的标准，可以根据产出任务的要求由教师与学生共同讨论制定。评价的维度可以是对口头表达的内容、逻辑结构、语音语调、语法、辅助用具、互动交流、肢体语

言、时间控制等进行评判,并对每个需要评判的维度设定分值比例,最后的评价分数可以是百分制,也可以按优秀、良好和一般三个等级设定。另外,任务描述中必须明确说明产出成果提交的形式和期限。这样学生在进行任务准备时,就能心中有数,上课时顺利进行问答、讨论和交流,高效地完成"说"的环节。由此,在产出导向教学理论指导下,翻转课堂教学中学生的主动学习和输出,完成了"输出驱动型"的学习过程。

第三节 翻转课堂在大学英语写作课中的应用

21世纪以来,随着互联网信息技术蓬勃发展,及其与各传统行业的深度融合,"互联网+"应运而生。"互联网+"在教学中的融合发展,主要表现为翻转课堂的发展。翻转课堂是依托互联网的发展和"互联网+"战略实施应运而生的一种全新的教学模式,是教育领域的一项重大革新。其主要内容是在现代化科学技术的支持下,将传统课堂与在线课堂、录播课堂、线上公众号及线上APP等互联网教学形式结合。

教学模式也由传统的教师主讲模式转变为学生主动学习模式,由传统的"线上讲课+线下作业"模式转变为"线下学习+线上解答问题"模式。翻转课堂突破了教育在时间、地点和空间上的一系列限制,也顺应了以学生为主体的教学模式需求,实现了传统教学模式的改革。

一、大学英语写作技能教学的原则

(一) 以学生为主体原则

为了解决学生地位偏差的问题,在大学英语写作教学中,教师应遵循以学生为主体原则,即明确学生的主体地位,尊重学生的主体性,围绕学生展开教学。而只有激发了学生的兴趣,提高了学生的主动性,才能使学生成为学习的主体。总体而言,就是要学生积极参与教学活动,发挥学习的自主性,使学生积极自主学习,提高学生的写作能力。

(二) 交际性原则

写作是一种重要的交际方式,其最终目的也是交际,因此,大学英语写作教学应遵循交际性原则。具体而言,遵循交际性原则要求教师做到以下几点:首先,教学活动满足学生的即时需求,提高学生的交际能力;其次,写作教学活动要为学生提供写作交际的机会,使学生从中获得乐趣;最后,在修改活动中采用小组或同伴活动,加强学生之间的交流,让学生通过交流活动获得素材,从而为文章增添内容,锻炼学生的思维。

(三) 恰当性原则

英语写作教学的恰当性是指写作任务的设计应该恰当。具体来说,写作任务需要具备以下两点特征:一是能够将学生思想交流的需求激发出来,让学生有内容可写;二是有助于提升学生的语言水平。虽然这两点要求都说的是作者对写作方法的要求,但是也对写作任务进行了设计。具体而言,教师要想设计一个好的任务,就需要从学生的实际出发,让学生有充足的内容进行写作。同时，教师也需要考虑学生的语言水平，这样他们才能完成写作。

（四）多样性原则

英语写作教学中需要坚持多样性原则，主要体现在训练方式与表达方式上。

从训练方式上说，教师应该采用多样化的方式，如可以通过扩写、仿写等办法训练学生的写作能力，同时，教师应该把握好每一种方法的优缺点，让学生在多种方法下掌握适合自己的方法。

从表达方式上说，教师应该引导学生采用多种表达方式展开写作，而不仅是一种方式，这样才是灵活的写作。

二、学生在英语写作课堂中的现状

英语写作过程是一个循环复杂的心理认知过程、思维创造过程和社会交互过程，它实质上是学生认知结构的建构和完善的过程。由于此技能的难度特点，大多数中国大学生在英语写作中都存在着一定程度的写作焦虑。写作焦虑指学习者在写作过程中表现出的特有的焦虑行为。写作焦虑是一种妨碍性焦虑，即焦虑水平越高，作文质量及成绩越差。学生在英语写作学习中存在着诸多的学习劣势，因此他们在写作习练的过程中就会自然生发出焦虑的情感因素，最终呈现出来的写作篇章就难以令人满意。

我国大学英语课程设置中并没有专门的写作课程，这也导致了学生对培养写作技能的忽视。另外，教师通常只是把写作训练当成授课任务的环节之一，虽然布置了作文题目的写作，但对学生的习作成果不能做到及时批阅和反馈，久而久之，学生也就丧失了写作的热情。

三、翻转课堂在大学英语写作课程中应用的优势

在传统教学模式的作用下，大学生习惯于课堂上"一人讲众人听，一人写众人记"的学习范式，从而导致在学习过程中缺乏创新能力以及发现问题、探究问题和尝试解决问题的钻研精神。学习是人类适应社会发展变化的重要手段、方式和途径。随着信息时代的到来，不论是从学习的时间、空间，还是学习工具、内容、方法等来看，传统的学习文化正在发生巨大的变化。教育工作者也应该在科技和观念的发展下，改良传统的授课方式，寻求能够迎合21世纪高科技、信息化要求的新一代的教学方式。

翻转课堂在大学英语写作教学中应用的优势体现如下：其一，提高教学效率，优化教学效果。学生英语写作技能的提高离不开理论知识的理解和吸收，然而理论知识的学习是一个渐进并需要大量时间思考的过程，教师囿于学时的限制，在实际授课过程中不可能花费大量的时间对写作理论进行反复、无限度的讲解。缺失了理论的指导，学生在写作时常常出现本应避免的写作误区。应用翻转课堂的教学模式，学生就可以通过反复观看教学视频的方式，深化对知识的感悟程度。

其二，活跃课堂氛围，增添学习乐趣。通过翻转课堂的新型教学手段的应用，学生真正能够利用集体学习的环境资源，展开互动性的交流、探讨、合作。学习是学生与教师以及学生与学生的共同活动，学习活动的目的不仅是掌握知识与技能，而且是形成合作的交往关系。积极的课堂参与使学生摆脱了对英语写作学习惯有的负面厌学情绪，意识到学习的快乐和收获知识果实的充实，体味到学习带给自己的自信和成功。

其三，传递科技力量，激发学习动力。教育信息化的发展要以教育理念创新为先导，以优质教育资源和信息化学习环境建设为基础，以学习方式和教育模式创新为核心。互联网的应用使现代社会的生活方式发生着快速的变化，新技术不断应用在翻转课堂之中。学生从中会产生危机意识，认识到任何知识的学习，包括英语写作技能的习得，都是他们今后在这个异彩纷呈的世界中获取成功的手段，从而坚定克服学习困难的决心。

其四，贯彻差异教学，尊重个体发展。翻转课堂的实施，使教师从课堂大量知识点的反复讲解中解脱出来，课堂教学的落脚点从关注教师是否讲到了知识点转移到关注学生是否掌握了知识点。教师口语在写作教学中着重针对个体的学习差异，给予单独的指导。已经获得知识习得能力的学生可以参与到与同学的学习探讨活动之中，帮助小组内的同学明晰问题；教师也可以在课堂上开展与学生之间的一对一或是一对多的教学，充分关注每位学生的知识接收状况，不仅可以展示对所辅导个体或群体的情感关爱，而且不用担心课堂纪律的失控。

四、翻转课堂在大学英语写作课程中的应用方式

教学过程要以学生为中心，发挥学生的积极性和主动性，教师给予指导。翻转课堂正是这种教育理念的体现。针对国内外开展翻转教学实验的大多是理科类课程这一事实，结合"外语是学会的，而不是教会的"的学习方法，探讨翻转课堂在大学英语写作课程中的应用方式是引发教育工作者极大兴趣的关注点。

翻转课堂是一个构建深度知识的课堂，需要学生的高度参与，学生是这个课堂的主角。因此教师可以借助翻转课堂四个维度的特征（即学生主导式学习方法、与众不同的教学方法、帮助学生解决可能遇到的问题、引导学生积极参与课堂）展开英语写作的创新性教学活动。课堂活动通常包括解答学生疑问、重释难点、练习巩固、课堂讨论、探究实验等，教师需要根据学科特点和学生实际精心设计课堂内容。

具体来说，教师应该在课前与课后划分好知识学习的分工与渐进。

（一）课前

在课前可以录制15分钟左右的视频教学材料（或直接利用教材所统一配备的光碟资料），一是针对写作课程理论知识的讲解；二是针对模板句式、范文的点评；三是提供学生可记忆的词汇库。让学生对课上所要深入接触的写作知识点有详尽的接触和准备。

（二）课中

第二，在课堂上可以根据教学进度的要求安排不同的活动内容。大体上的内容可有：

1. 讨论

此方式除了对课前学习任务所接触到的难点知识的解疑之外，通常还适用于积累学生对写作题目的观点、看法和见解。这是因为某些写作题目对学生而言比较疏远、抽象，如"如何解决大城市的住房问题"，学生无法形成对这一问题的认识态度，在写作中自然无话可说。通过同学之间的讨论交流，学生的思维和视野就会受到启发和拓展，从而掌握了写作的核心材料。此方式可以具体分为小组讨论后拿出看法，或是全班同学参与讨论、各抒己见。

2. 习练

掌握理论知识的目的是服务于实践，学生能把所习得的写作理论应用到具体篇章之中才说明学生真正把握了写作的规律和架构，因此，习练是检验学生知识和技能掌握的一个尺码。在翻转课堂之中，通常作为作业布置的篇章写作可以放到课堂中来完成，教师边审阅学生所写的样文边给予适当的指导，解决了现实教学中一对一的批阅难度，也给予了每位学生劳动成果的尊重，更体现了师生之间教学与学习的互动。

3. 成果展示

课程的讲授不仅要达到知识目标和技能目标，还要设定具体的情感目标。因此，在成果展示阶段，教师可以让部分学生宣读自己的习作成果，一是让宣读的同学感受到老师和同学对其智慧的认可，从而获得成就感和满足感；二是让倾听的同学感受到与他人分享成功的快乐和有所鞭策的悸动。

（三）课后

针对课前、课堂学生所反复习练的知识与技能，教师在课后布置巩固性和拓展性的阅读和实践。当学生没有过大的难度从事学习任务时，他们就会形成自主、自觉的学习习惯。因此，有了课前和课堂的良好学习效果的铺垫，教师不用把课后的延展当成作业来布置，这已经成为学生学习兴趣的自发要求，教师自然也就无需担心学生完成的效果。

文无定法。实际的课堂教学也不可能具有固定不变的形式。为了能够真正驾驭翻转课堂在英语写作教学中的应用，任课教师既要有扎实的本学科知识、广博的跨学科知识储备，又要有敏锐的思维能力。

五、翻转课堂模式下同伴互评在大学英语写作中的优化应用

同伴互评作为翻转课堂的关键步骤，其使用却不尽如人意。评价者对提供评价缺乏信心，学生对同伴互评缺乏信任及评改中缺乏积极移情等现象都极大地影响着同伴互评的效果。为了优化互评效果，必须重视合理分组、同伴互评培训、教师适时介入以及加强评价中的积极移情。

在传统的以教师为中心的大学英语写作教学中，学生缺乏学习个性化和主动性。首先，大学英语写作都是在大班上课，教师没有时间也无法针对每一个学生讲解不同的内容，不同水平的学生学着同样的内容，缺乏个性化学习。其次，学生习惯教师教授模式，

被动等待教师对教学内容的讲解，被动地接受教师的反馈，缺乏主动性。这些特点极大阻碍了学生写作水平的提高。随着"互联网+"的迅速发展，计算机技术被广泛运用于教学中。《大学英语课程教学要求》亦鼓励大学利用现代化信息技术，改变以教师为中心的教学方式，使英语的教与学能够摆脱时间和空间的限制，让教与学更有个性化和自主性。基于"互联网+"的翻转课堂被视为大学英语写作教学改革的重要切入点。

（一）同伴互评法

同伴互评作为过程教学法的关键步骤，受到大力推崇。同伴互评是指学习者从数量、水平、价值及质量方面给他处于同等地位的同伴的学习成果提供意见，是一种建立在过程教学理念和社会建构教学理念基础上的学习活动。大量的研究表明，同伴互评在教学中起着积极的作用。它帮助学生及时获取详细反馈，帮助学生发挥主体性，激发学生的学习兴趣，增强学生的学习动机，提高学生的批判性思维能力和交际能力，并帮助学生习得终身学习所需的评价技能。它转变了传统写作课程中教师单一的评价模式，为学生提供多维的评价方式。鉴于同伴互评的积极意义，它受到众多教育专家学者的关注。

（二）同伴互评在翻转课堂中的设计使用

通过分析相关研究，并结合教学实践，发现合理分组、进行同伴互评培训、教师适时介入和重视积极移情等策略是解决同伴互评在翻转课堂中应用的潜在问题的关键。

1. 进行同伴互评培训，培养评价者对评价的信心

多名研究者发现同伴互评培训可以降低主观因素对同伴互评的影响，提高评价的质量，使评价更加有效。接受同伴互评培训的学生会感觉自己"训练有素"，能够给同伴提供更具体的意见，因而对自己能够为同伴提供有质量的评价更自信，因此，同伴互评培训非常重要。培训可以分四个步骤：第一，强调同伴互评对提高学生学习英语写作水平的重要性，使学生能够接受和认可这种评价方法；第二，提供操作性强的评价标准。通过提供评价标准，学生清楚从哪几个方面对同伴作品进行评价，进而可以有目的、有步骤地对同伴提供具体的评价，因此，胸有成竹的学生对为同伴提供有质量的评价更有信心。同时，为学生提供评价标准，亦可以显著提高同伴互评的可靠性。同伴互评可靠性越高，学生对同伴评价的信心也越高；第三，解释评价标准。教师依照评价标准，用具体实例对其进行详细讲解；第四，示范。教师随机挑选学生一篇作品为范例，让学生以小组为单位在课堂上参照评价标准对该作品进行讨论评价，教师可以给予学生指导答疑，使学生内化评价标准。

2. 合理分组促进学生对同伴互评的信任

对同伴互评缺乏信任主要是由于分组不当引起的。目前同伴互评的学生组合普遍采取两种方式：第一，学生自由组合；第二，教师分组，教师可以把同一水平学生组成同质组，也可以把不同水平学生组成异质组。学生自由组合和教师分的同质组容易出现组内俱是高水平或者低水平学生的现象。高水平组学生能够给同伴提供互评，这一点毋庸置疑。但低水平组学生可能无法发现同伴问题，更没有能力提出修改意见，这容易导致低水平学

生参与度不高，没有得到应有的训练。根据最近发展区（ZDP）理论，学习者可以在他人帮助下，达到比现有水平更高一级的发展水平。这表明，学习者可以通过和自己水平高一级者进行学习互动获得进步。因此，异质组组合是比较合理的分组方式。但是现有的异质组组合存在两个问题：首先，教师按照学生水平分组不利于创造友好合作的氛围。教师分组时只关注各位组员的成绩，未必关注组员间是否相处融洽。而在情感密切、友好合作氛围中进行的同伴互评更有效果。其次，高水平学生没有机会接受更高一级的评价。现在异质组的互评方式大多采用组内一对一的评价，使得组内高水平学生没有机会获得"可理解性输入"。针对这些问题可通过以下方法解决：第一，分组时，先让学生寻找和自己相处融洽的同伴自由组合，教师再根据学生的水平做出微调，这样既能营造友好的互评氛围，又能让学生拥有向高一级别水平者学习的机会；第二，进行互评时，让学生以小组为单位共同对另一组的作品进行评价，这样学生不仅可以阅读更多同伴的作品，而且能接受更多同伴的评价。更重要的是，通过组内讨论协商，低水平学生和中等水平学生能从更高一级水平学生获得设想的技能，通过组间评价，高水平学生可以获得别组高水平学生的评价，使得低、中、高水平学生均能获得发展。

3. 重视积极移情，促进评价效果

事实上，评价应该包含正面或者积极的信息。积极的评价内容可以加强学生的学习信心，激发学生的学习积极性，激励学生不断进步提高。因此，在评价过程中，教师应该引导学生重视积极移情。首先，在进行同伴互评培训时，教师可以引导学生根据互评评价标准修改错误的同时，亦要找出作品的优点。其次，在学生进行同伴互评活动时，教师可以要求评价者务必指出一定数量的闪光点。这样既能让学生看到不足，又能发现优点，获得足够的积极移情，从而促进同伴互评效果。

翻转课堂中的同伴互评，能够检验学生对课前所学知识的内化程度，是翻转课堂的关键环节。有效地应用同伴互评，能让学生在轻松愉悦的氛围中获得特定的技能，并发挥着教师无法替代的作用，使翻转课堂达到事半功倍的效果。因此，唯有不断完善同伴互评的操作方法，才能使其发挥最佳效果。

参考文献

[1] 苏婷婷，董霞，靳慧敏. 互联网背景下的大学英语教学创新研究［M］. 北京：中国书籍出版社，2023.01.

[2] 周影，陈典港. 互联网视角下大学英语混合式教学探究［M］. 北京：中国书籍出版社，2023.01.

[3] 袁园. 信息化背景下的大学英语教学改革研究［M］. 哈尔滨：哈尔滨出版社，2023.03.

[4] 孙晓鸣，张锦娜，张逸洋. 大数据时代大学英语教学模式创新与实践研究［M］. 哈尔滨：哈尔滨出版社，2022.09.

[5] 刘欣. 多模态视角下的大学英语教学模式研究［M］. 北京：中国纺织出版社，2022.06.

[6] 赵垒. 大学英语教学模式构建与课程改革研究［M］. 北京：北京工业大学出版社，2022.03.

[7] 王丽丽. 大学英语多元互动教学模式探究［M］. 长春：吉林人民出版社，2022.03.

[8] 潘丽. 大学英语教育教学理论与实践研究［M］. 北京：北京工业大学出版社，2022.07.

[9] 张慧. 信息化背景下大学英语教学与创新思维研究［M］. 北京：中国纺织出版社，2022.08.

[10] 付素萍. 大学英语教育教学方法研究［M］. 长春：吉林大学出版社，2022.05.

[11] 苏一凡. 多模态英语教学理论与实践［M］. 北京：中华工商联合出版社，2022.01.

[12] 毕鹏晖. 大学英语混合式教学的多元融合与评价研究［M］. 燕山大学出版社，2022.12.

[13] 孙婕. 高校英语教学理论及实务研究［M］. 长春：吉林人民出版社，2022.01.

[14] 黄雪松. 大学英语混合式智慧教育研究与实践［M］. 长春：吉林出版集团股份有限公司，2022.07.

[15] 陈细竹. 大学英语教学模式的革新与发展研究［M］. 长春：吉林人民出版社，2021.06.

[16] 刘慧. 突出自主学习的大学英语教学模式创新研究［M］. 北京：企业管理出版社，2021.08.

[17] 秦磊. 大学英语教学新模式背景下的情感教学研究［M］. 青岛：中国海洋大学出版社，2021.11.

[18] 蒋春丽. 互联网+视域下大学英语教学新模式的研究［M］. 北京：中国书籍出版社，2021.06.

[19] 黄英. 翻转课堂模式下的大学英语教学理论与应用［M］. 长春：吉林人民出版社，2021.09.

[20] 蔡玲. 大学英语教学实践探索［M］. 长春：吉林文史出版社，2021.03.

[21] 丽娜. 大数据驱动下的大学英语教学革新与探索［M］. 长春：吉林人民出版社，2021.06.

[22] 成畅. 大学英语教学与课程建设新探索［M］. 长春：吉林人民出版社，2021.06.

[23] 孙鹤. 大学英语教育教学理论与实践研究［M］. 北京：中国纺织出版社，2021.06.

[24] 熊文熙，范俊玲，肖玲. 大学英语教学与跨文化交际能力培养研究［M］. 北京：华文出版社，2021.12.

[25] 周保群. 大学英语教学模式与课程建设研究［M］. 重庆：重庆大学出版社，2020.05.

[26] 潘英慧. 基于微课的大学英语教学模式分析与研究［M］. 长春：吉林科学技术出版社，2020.06.

[27] 郭向宇. 教育信息化背景下高校大学英语教学改革模式 [M]. 延吉：延边大学出版社，2020.

[28] 周奋. 大学英语课堂教学研究 [M]. 长春：吉林人民出版社，2020.07.

[29] 朱飞. 大学英语教学中的翻转课堂 [M]. 长春：吉林大学出版社，2020.03.

[30] 胡宇涵. 大学英语教学及其媒体融合视角探索 [M]. 长春：吉林人民出版社，2020.06.

[31] 殷品. 大学英语翻译与英语教学研究 [M]. 北京：北京工业大学出版社，2020.03.

[32] 赵常花. 媒体融合视角下的大学英语教学理论与实践研究 [M]. 北京：企业管理出版社，2020.07.

[33] 刘广宇，王运华. 英语课程体系构建与教学改革研究 [M]. 长春：吉林人民出版社，2020.08.

[34] 何冰，陈雪莲，王慧娟. 语言学应用与英语课堂教学研究 [M]. 郑州：黄河水利出版社，2020.01.

[35] 李清. 高校英语跨文化教学研究 [M]. 长春：吉林人民出版社，2020.09.

[36] 朱婧，焦玉彦，唐菁蔚. 大学英语多元互动教学模式研究 [M]. 长春：吉林大学出版社，2019.02.

[37] 钟丽霞，任泓璇. 翻转课堂模式下的大学英语教学改革及创新优化 [M]. 长春：吉林大学出版社，2019.06.

[38] 何树勋. 跨文化交际下的大学英语教学改革模式研究 [M]. 成都：四川大学出版社，2019.01.

[39] 陈祖君，张松妮，刘巧婵. 大学英语阅读课堂的混合型模式教学研究 [M]. 北京：中国纺织出版社，2019.10.

[40] 丁睿. 大学英语教学发展研究 [M]. 长春：吉林人民出版社，2019.11.

[41] 王岚，王洋. 英语教学与英语思维 [M]. 长春：吉林人民出版社，2019.12.

[42] 杨雪静. 高校英语教学模式创新研究 [M]. 长春：吉林人民出版社，2019.12.

[43] 杨洋，倪兆学，徐岩. 英语课堂设计与微课教学模式 [M]. 长春：吉林人民出版社，2019.07.

[44] 刘蕊. 大学英语教学的发展思考与创新 [M]. 北京：九州出版社，2019.06.

[45] 张铭. 当代大学英语教学理论与研究 [M]. 北京：九州出版社，2019.02.

[46] 郭江虹. 大学英语的多维教学理论研究 [M]. 长春：吉林大学出版社，2019.07.

[47] 苏超华. 新时代大学英语智慧教学论 [M]. 长春：吉林人民出版社，2019.07.

[48] 于明波. 当代高校英语教学与混合式学习模式探究 [M]. 北京：中国纺织出版社，2019.12.